Kōichi Tōhei

Inhalt

Zur Information des Lesers

Zum weiteren Verständnis des Begriffes Ki wird auf den einführenden Titel *Das Ki-Buch: Der Weg zur Einheit von Geist und Körper* des Autors verwiesen. Ausführungen hierzu in Publikationen anderer Autoren sowie die Benutzung dieses Begriffs in anderen Institutionen oder Vereinen müssen inhaltlich hiermit nicht übereinstimmen.

Die Techniken des Aikidō in Einheit von Geist und Körper werden in dem Buch von Kōichi Tōhei und Koretoshi Maruyama, *Aikidō mit Ki*, ausführlich beschrieben.

Die im vorliegenden Buch genannten Ki-Übungen, die Ki-Atmung sowie die Techniken des Aikidō in Einheit von Geist und Körper (Aikidō mit Ki) wurden von Kōichi Tōhei ausgearbeitet und unterliegen einer ständigen dynamischen Weiterentwicklung. Diese werden in den dem Ki No Kenkyūkai angeschlossenen Instituten von qualifizierten Lehrkräften unterrichtet. Zum besseren Verständnis der Übungen wird die Teilnahme an entsprechenden Kursen empfohlen. *Informationen und Adressen* sendet der Verlag gegen Rückporto gern zu.

In anderen Institutionen oder Vereinen praktizierte Übungen gleichen Namens müssen inhaltlich hiermit nicht übereinstimmen.

Die Bezeichnung Kiatsu® ist geschützt und darf nur von ausgebildeten Kiatsu-Therapeuten benutzt werden.

Zur weiteren Information wird auf das Buch *Kiatsu: Heilung mit Ki* von Kōichi Tōhei verwiesen. Ausbildung und Prüfung erfolgen in dafür vorgesehenen Lehrgängen des Ki No Kenkyūkai. Informationen sendet der Verlag gegen Rückporto zu.

Teil eins

Die Ki-Prinzipien

Kapitel 1

Das menschliche Leben

Wenn wir uns anschicken, mit einem Schiff auf die hohe See hinauszufahren, überprüfen wir zuerst eine Reihe von Dingen: ob das Steuerruder irgendeine Beschädigung aufweist, ob die Maschine in gutem Zustand ist oder ob das Schiff irgendwo leckt. Nur wenn wir überzeugt sind, daß alles in Ordnung ist, fühlen wir uns sicher und gehen sorglos auf die Reise.

Mit dem menschlichen Leben verhält es sich genauso. Bei der Geburt setzen wir Segel in den rauhen Gewässern der menschlichen Welt. In jungen Jahren versorgen und beschützen uns unsere Eltern und Angehörigen. Im Vertrauen auf andere leben wir in Sicherheit, aber wenn wir erwachsen werden, überträgt sich die gesamte Verantwortung auf uns selbst. Wir werden zum Kapitän unseres eigenen Schiffes und müssen selbständig segeln.

Mögen andere uns auch hilfreiche Ratschläge geben oder uns sonstwie helfen, die Verantwortung für die Reise liegt bei uns selbst, und wir müssen die Eigenschaften und die Kraft des Schiffes, das wir steuern, genau kennen. Zudem müssen wir fähig sein, alle Teile selbst zu überprüfen, um zu erkennen, ob es irgendwelche Schwierigkeiten gibt.

Ein Blick auf die jungen Männer und Frauen der heutigen Zeit zeigt eine Situation voller Probleme. Aber —

diese jungen Menschen erkennen die Lage nicht, in der sie sich befinden. Ohne Anker treiben sie orientierungslos in eine unmögliche Richtung, und die Maschine spielt verrückt. Sie sind bereits krank, oder ihr seelischer Zusammenbruch steht unmittelbar bevor. Sie haben ihre Ruder verloren, das Schiff leckt, ihre Kraft ist geschwunden, und sie befinden sich in größter Gefahr, in den tobenden Wellen der Welt unterzugehen.

Wäre es da nicht eine gute Idee, uns hier und jetzt einmal auf all unsere Fähigkeiten und Möglichkeiten zu besinnen, uns ihrer zu vergewissern und alle Details genau zu überprüfen? Lassen wir unsere angeborene Kraft hervortreten, ordnen wir unser Dasein, und machen wir etwas Großartiges aus dem Schiff, mit dem wir die Stürme unseres Lebens bestehen müssen.

Halten wir einen Augenblick inne, und denken wir nach! Was ist denn eigentlich das menschliche Leben, und woher kommt es? Auf die Frage, woher sie bei ihrer Geburt kamen, antworten die meisten Menschen: von ihren Eltern. Diese Eltern hatten auch Eltern, und wenn wir so weiter zurückgehen, sehen wir, daß unser Leben seit der Erschaffung des Menschen in einer kontinuierlichen Linie fließt. Wenn wir fragen, woher das Leben vor der Schaffung des Menschen kam, finden wir als einzige Antwort: aus dem Universum. In diesem Falle stammt auch unser eigenes Leben aus dem Universum. Wenn Sie jemand fragt, was Sie waren, ehe Sie zu dem Erwachsenen wurden, der Sie heute sind, würden Sie gewöhnlich antworten: »Ich war ein Kind.« Und bevor Sie ein Kind waren? Ein Säugling. Und davor?

Ein Embryo. Aber angenommen, wir würden Sie fragen, was Sie waren, ehe Sie ein Embryo waren, was würden Sie antworten?

Ehe Sie zu dem Embryo wurden, waren Sie die Vereinigung einer Eizelle Ihrer Mutter und eines Spermiums Ihres Vaters. Woher kamen diese? Als Ihre Eltern noch Kinder waren, waren sie nicht fähig, Eizellen und Spermien zu produzieren. Erst mit der Geschlechtsreife erlangten sie die Fähigkeit dazu. War diese Fähigkeit ein Teil der Luft, die sie atmeten, oder der Nahrung, die sie während des Heranwachsens aßen? Darauf können wir nur mit Nein antworten. Sie kam nicht irgendwoher, sie kam aus der Natur. Mit anderen Worten, unser Leben wird *durch* unsere Eltern *aus dem* Universum geboren.

Diese Gedankenkette führt uns zu dem Schluß, daß nicht nur die Menschen, sondern auch jeder Baum, jeder Grashalm, alle Steine, das Wasser und die Luft aus dem Universum geboren wurden. Mehr noch, sie existieren ununterbrochen seit Beginn des Universums, und sie sind ein Teil des Universums.

Wenn ein Mensch freudiger Stimmung ist, sieht er alles rosarot, hegt keine Zweifel, und das Leben ist einfach. Das Leben besteht jedoch nicht nur aus Hochs, es gibt auch Tiefs, und auf Freude muß Niedergeschlagenheit folgen. In diesen Zeiten der Depression fühlt man sich einsam. Man fühlt sich vom Universum abgeschnitten und von der Gesellschaft isoliert, fühlt sich allein und entmutigt.

Vergleichen wir uns als einzelne Individuen mit dem

Universum, dann erscheinen wir so winzig wie ein Staubkorn. Wir sind jämmerlich schwach und isoliert. Aber wenn wir in unserem Herzen das Wissen bewahren, daß wir eins sind mit dem Universum, daß alles im Universum aus dem einen Schoß stammt, welchen Grund haben wir dann, zu jammern oder einsam zu sein? Diese Einsicht sollte zu dem mächtigen Glauben werden, daß wir eins sind mit dem Universum, daß das Universum uns beschützen wird, daß keine Notwendigkeit besteht, zu verzweifeln oder bestürzt zu sein.

Wenn wir unsere gesamte Stärke gebrauchen und dieses Vertrauen haben, wird das Universum Kenntnis davon haben, selbst wenn Zehntausende uns mißverstehen und verleumden. Dann gibt es nichts zu fürchten.

Jemand machte einmal in seinem Geschäft einen vernichtenden Fehler, und mit dem Wunsch zu sterben stieg er auf den Gipfel eines Berges.

Als er dort ankam und das weite Panorama vor sich ausgebreitet liegen sah, durchströmte ein sonderbares Gefühl seinen Körper. Man erzählt sich, daß er von dem Berg herunterstieg und durch eifrige Bemühung in seinem Leben wieder zu großem Erfolg kam.

Zweifellos läuterte sich angesichts des Todes die Seele dieses Mannes. Er sah das ganze Universum vor sich ausgebreitet. Sein wahres Selbst erwachte und entdeckte sich als Teil des Universums wieder. Große Stärke strömte fortan aus diesem Universum in ihn.

Der heutige Mensch hat seine Augen lediglich für die menschliche Gesellschaft trainiert. Dies gilt besonders für die Stadtbewohner, die fast nie etwas anderes als von Menschen gemachte Dinge sehen. Die allumfassende Welt der Natur haben sie vergessen. Doch es ist kein exklusives Privileg von Dichtern und Künstlern, die Augen zum Universum zu erheben und sich daran zu erfreuen. Das Universum breitet sich vor jedem aus, der sich danach sehnt. Und diejenigen, die sich in den Wellen verloren fühlen, müssen ihren Blick dem Universum staunend zuwenden und wieder entdecken, daß sie mit ihm eins sind.

Kapitel 2

Der Wert unseres Daseins

Unser Leben ist ein Teil des kosmisches Lebens. Wenn wir verstanden haben, daß unser Leben dem Universum entstammt und daß wir geboren wurden, um in dieser Welt zu existieren, müssen wir uns fragen, *warum* das Universum uns das Leben gab. Im Japanischen kennen wir die Redensart *suisei mushi* — betrunken geboren werden und immer noch träumend sterben: wir werden geboren, ohne die Bedeutung davon zu verstehen, und sterben, ohne schließlich verstanden zu haben.

Wenn man wie eine Seifenblase geboren wird und das Leben mit nichts anderem zubringt, als den Vorgang des Essens, Ausscheidens und Schlafens zu wiederholen, so ist das tatsächlich eine bedeutungslose Existenz. Noch immer träumend sterben klingt zwar recht angenehm, aber für den, der sich so verhält, bedeutet der Tod etwas Schreckliches.

Manche unter den jungen Menschen heute lassen sich zu Bemerkungen hinreißen wie z. B.: »Ich habe nicht darum gebeten, geboren zu werden! Das haben meine Eltern gemacht, ich trage dafür keine Verantwortung. Aber da ich nun einmal auf der Welt bin, kann ich tun und lassen, was mir gefällt!« Etliche junge Leute folgen dieser Redeweise, und ihre Eltern wissen nicht, was sie ihren Kindern darauf antworten sollen.

Tatsache ist aber, daß die Eltern nicht einfach so Leben erzeugen können, wie sie wollen. Jeder von uns empfängt sein Leben lediglich *durch* seine Eltern aus dem Universum. Manche wünschen sich unbedingt Kinder und können keine bekommen, wogegen andere keine wollen und welche haben. Dies liegt nicht in der Macht der Eltern. Andernfalls würden sie sich zweifellos Kinder aussuchen, die niemals respektlose Dinge sagen oder Schlechtes tun.

Leihen wir uns etwas Wissen aus dem Bereich der Medizin. In einem einzigen Samenerguß setzt der Mann etwa hundert bis dreihundert Millionen Spermien frei. Die Zahl der Spermien, die ein Mann im Laufe seines Lebens produziert, ist astronomisch. Ein Individuum ist aber das Ergebnis der Vereinigung von nur einem Spermium mit einer Eizelle. Dafür, daß ein Mensch aus einem einzigen Spermium geboren wird, werden zahllose andere geopfert. Fast möchte man denken, solche Verschwendung gehöre eigentlich bestraft.

Wir hören oft den Ausdruck ›ein auserwähltes Leben‹ für Menschen, die mehr Talent haben, besser aussehen oder ein glanzvolleres Leben führen als andere. Wir müssen aber erkennen, daß wir in Wirklichkeit alle vom Augenblick unserer Geburt an in ein auserwähltes Leben eingetreten sind. In dem Moment, in dem wir aus dem Universum geboren wurden, begannen wir ein auserwähltes Leben, denn es war eben kein Zufall, daß wir nicht als Schwein oder Hund geboren wurden: immerhin ist aus den zahllosen Spermien eines Mannes lediglich ein einziges Individuum entstanden.

Es wäre wirklich schade, wenn man dieses seltene und wertvolle Leben vergeuden würde. Denn mit diesem unbezahlbaren Geschenk des Lebens bekommen wir gleichzeitig den Auftrag, etwas in dieser Welt zu erreichen. Mit anderen Worten, wir müssen den Willen der Vorsehung, unsere Berufung, erkennen.

Die Götter reden nie ein Wort, handeln jedoch fortwährend. Die Götter reden nie ein Wort, doch befinden sich alle Geschöpfe in ständigem Wachstum. Das Universum lehrt uns kein einziges Wort, sondern handelt schweigend. Wir wissen nicht, ob die Richtung, in die es sich bewegt, gut oder schlecht ist. Fest steht nur, daß es sich bewegt.

Will man mit Blick auf die Errichtung eines strahlenden Paradieses ein ebenso wundervolles Leben auf der Erde führen, muß man darauf vertrauen, daß sich das Universum in eine gute Richtung bewegt. Entscheidet man sich aber dafür, dem Weg des Schlechten zu folgen, wird alles, was man tut, Schlechtes bewirken.

Das Universum wächst und entwickelt sich ständig. Wir müssen erkennen, daß die uns vom Universum anvertraute Sendung darin besteht, unsere Anstrengungen für diese Entwicklung und Schöpfung zu verwenden. In unserer Welt gibt es Reiche und Arme und mannigfaltige Arten von Arbeit. Aber unter dem Gesichtspunkt des Sich-Bemühens aller Geschöpfe sind alle gleich. So gesehen gibt es weder arm noch reich, weder angesehen noch niedrig.

Egal auf welchem Gebiet Sie sich anstrengen und

welches Ziel Sie anstreben –, wenn Sie Ihre ganze Energie auf die Sache verwenden, die Ihnen entspricht, werden Sie die Gewißheit haben: »Das stimmt mit meiner wahren Natur überein.« Wenn Sie fühlen, daß Sie in einem bestimmten Bereich etwas vollbringen müssen, haben Sie Ihre Bestimmung gefunden. Richten Sie Ihre ganze Kraft auf diese eine Sache, und Sie werden den Wert Ihrer Arbeit und den Wert Ihres eigenen Lebens fühlen. Wenn Sie sich nicht anstrengen, gibt es auch keine Berufung. Die universelle, schöpferische Entwicklung nimmt jedoch in dem Maße zu, wie jedes Individuum seine spezifische Berufung erfüllt.

Verwerfen Sie den Pessimismus, demzufolge sich die großen Kräfte der Welt nicht ändern, gleichgültig wie sehr ein einzelner es auch versuchen mag.

Wenn nur ein einziger ein besserer Mensch wird, ist das Universum zumindest um diese eine Person besser.

Eine kleine Kerze kann zehntausend andere anzünden, und diese können zum kraftvollen Licht werden, das die Welt erleuchtet. Um eine bessere Welt zu schaffen, müssen wir bei uns selbst anfangen.

Kapitel 3

Die Einheit von Geist und Körper

Wenn wir das Wesen unseres Lebens erkannt und den Kern unserer Bestimmung erfaßt haben, ist unser Interesse zwangsläufig darauf gerichtet, einen Weg zu finden, diese Berufung zu erfüllen.

Wir haben unser Leben in Form zweier Grundelemente – dem Geist und dem Körper – vom Universum empfangen. Die Beziehung dieser beiden zueinander können wir so ausdrücken: der Körper bewegt sich entsprechend den Anweisungen des Geistes, und der Geist drückt sich durch den Körper aus. Diese beiden sind untrennbar miteinander verbunden. Es ist unmöglich, mit nur einem der beiden das Leben fortzusetzen. Wirken sie aber zusammen, können wir dadurch unseren besten Fähigkeiten und unserer angeborenen Stärke Ausdruck verleihen.

Während meiner Studienzeit hörte ich von einem alten Zen-Mönch, der schon in seiner Jugend angefangen hatte, Zazen zu üben. Er war ein sehr schwacher Mann und schwer an Tuberkulose erkrankt. Inzwischen hat man natürlich mit modernen Medikamenten und Heilmitteln Behandlungsmethoden gegen Tuberkulose gefunden, aber damals führte die Krankheit zwangsläufig zum Tode. Während des Zazen brach der Mann zusammen. Die Ärzte sahen keine Möglichkeit mehr, ihn zu heilen, und so überließ er sich zutiefst verzweifelt dem Tode.

Dann dachte er sich: »Es ist schlimm genug, daß ich inmitten meiner Übung krank geworden bin, besonders weil ich mich entschlossen habe, der Zen-Lehre zu folgen. Aber wenn ich schon einmal sterben muß, werde ich es mutig und in der Zenhaltung sitzend tun, wie es sich für einen Mönch gehört.« Er erhob sich von seinem Krankenbett und erreichte in der Zazen-Haltung einen Zustand vollkommener Konzentration. Ruhig dasitzend erwartete er seinen Tod. Aber er starb nicht. Am nächsten Tag nahm er nach dem Aufstehen abermals die Zazen-Haltung ein und wartete. Der Tod kam jedoch wieder nicht. So lebte er Tag für Tag in der Haltung der Meditation.

Da er sich, den Tod vor Augen, selbst Disziplin auferlegt hatte, hatte sich seine Geisteshaltung augenblicklich gebessert. Dann merkte der Mönch, daß der Tod, seit er ihn erwartete, nicht kam, und er entschloß sich, die Frage von Leben und Tod aus seinem Kopf zu streichen und diese Angelegenheit dem Willen des Universums zu überlassen. Außerdem bekräftigte er seinen Entschluß, den Rest seines Lebens ganz und gar den Lehren des Zen zu folgen.

Da er seine Zen-Studien fortsetzte, verschwand die Tuberkulose unmerklich, und als berühmter Meister lebte er in der Führung und Unterweisung anderer ein erfülltes Leben bis zum Alter von 70 Jahren.

Als er sich dem Tod übergeben hatte und so in seinen Gedanken saß, erreichte er einen Zustand der Einheit von Geist und Körper und überwand seine schwere

Erkrankung. Wer es ihm gerne nachtun und Zazen in der Absicht üben möchte, eine ernste Krankheit zu heilen, sollte aber wissen, daß solch ein Unterfangen sehr gefährlich sein kann und nicht immer heilsam sein muß. Und es ist sogar wahrscheinlich, daß sich die Krankheit verschlimmern wird, wenn man an Zazen mit der unbestimmten Haltung herangeht: »Nun ja, ich habe mit Zazen begonnen, weil ich gehört habe, daß man dadurch gesund wird, aber ich frage mich, ob das wohl stimmen wird.«

Es ist äußerst wichtig, daß man versteht, daß durch die Vereinigung von Geist und Körper die natürliche Lebenskraft zu arbeiten beginnt, und daß es eigentlich die Lebenskraft ist, die eine Krankheit überwindet. Wir haben nicht die Zeit und den Platz, die Liste mit den Namen derjenigen aufzuführen, deren Magengeschwüre verschwunden sind, deren Blutdruck sich gesenkt hat oder deren Herzleistung stärker geworden ist, seit sie im Ki No Kenkyūkai üben. Dennoch dürfen Sie daraus nicht schließen, daß die Teilnahme an den Übungen allein schon Wunder wirkt. Wenn Sie eine Krankheit heilen wollen, ist eine oberflächliche, zufällige Teilnahme nicht der richtige Weg. Sie müssen erkennen, daß Sie eine Krankheit nur dann überwinden können, wenn Sie die Gesetze der Einheit von Geist und Körper erlernen und das Äußerste Ihrer Lebenskraft in die Übung hineingeben, damit Geist und Körper als vollkommene Einheit handeln.

Für Begabung gilt dasselbe. Wenn wir sagen, wir sind gut in den Dingen, die wir gern tun, so meinen wir damit, daß wir fähig sind, Fortschritte zu machen, wenn wir mögen, was wir tun. Anders ausgedrückt, wenn wir das, was wir tun, nicht mögen, ist es schwierig, den Geist darauf zu konzentrieren. Unser Körper geht zwar vielleicht in die richtige Richtung, aber unser Geist flattert in irgendeine andere. Bei Dingen, die wir nicht mögen, machen wir nur langsam Fortschritte, weil wir den Zustand der Einheit von Geist und Körper nicht erreichen können.

Wenn Sie in irgend etwas Fortschritte machen wollen, ist der entscheidende Punkt, den Sie lernen müssen, der, zuerst Geist und Körper in Einheit zu bringen, und dann, das Äußerste Ihrer Fähigkeiten frei walten zu lassen. Jemand, der ernsthaft ist und dessen Geist und Körper in Einheit sind, kann erstaunliche Dinge vollbringen. Die in die Enge getriebene Ratte greift bekanntlich ihrerseits die Katze an und kann sie besiegen. Bei Bränden entfalten Menschen oft Kräfte, von denen zu träumen sie sich im Alltag nie getraut hätten. Man weiß von Frauen, die Autos anhoben, um verletzte Kinder darunter hervorzuziehen. In scheinbar hoffnungslosen Situationen, in denen es um Leben oder Tod geht, verhalten sich Menschen oft unerhört weise. Und all diese Fälle sind Äußerungen einer Stärke, die durch die Einheit von Geist und Körper möglich wird.

Die Menschheit erhält natürliche Kräfte vom Universum, kann sie aber nicht benutzen, weil sie sie nicht kennt.

Nur wenn Sie die Gesetze der Einheit von Geist und Körper lernen, wenn Sie üben, wie Sie jederzeit Ihre natürlichen menschlichen Kräfte benutzen können und lernen, sich zu beherrschen, können Sie die Ihnen vom Universum gegebene Berufung erfüllen. Wie können wir aber Geist und Körper in Einheit bringen?

Bevor wir aber die Einheit von Geist und Körper, die uns beide vom Universum gegeben sind, suchen, ist es nötig, das Universum selbst, die Prinzipien des Ki des Universums, zu erklären. Ich unterrichte im Ki No Kenkyūkai zuerst die Ki-Prinzipien (*Shin-Shin-Tōitsu-Dō*), und dann als Ergänzung dazu Aikidō in Einheit von Geist und Körper (Aikidō mit Ki). Ursprünglich bedeutet *Aikidō* ›der Weg, sich mit Ki — d. h. dem Ki des Universums — zu harmonisieren‹. Jedoch denken die Leute fälschlicherweise oft, Aikidō bedeute, sich mit dem Ki anderer zu harmonisieren. Das ist der Grund dafür, daß sie schon beim Verständnis des Grundlegenden scheitern, die Ki-Prinzipien vergessen und damit auch die Prinzipien der Einheit von Geist und Körper.

Um also Verwirrung zu vermeiden, nannte ich mein Aikidō ›Aikidō in Einheit von Geist und Körper‹ (*Shin-Shin-Tōitsu-Aikidō* oder Aikidō mit Ki), obwohl dadurch die Bedeutung des Wortes eigentlich wiederholt wird. Denn streng genommen ist Aikidō ohne die Ki-Prinzipien kein Aikidō.

Diese Ki-Prinzipien seien nun im folgenden erläutert.

Kapitel 4

Was ist Ki?

Obwohl im Osten das Wort *Ki* schon von altersher für eine Vielzahl von Dingen weit verbreitet ist, angefangen vom Ki des Universums bis hin zu den alltäglichen Dingen um uns herum, erkennen viele, die das Wort gebrauchen, nicht, bis zu welchem Ausmaß das ›Alltags-Ki‹ mit dem Ki des Universums verknüpft ist, oder daß zwischen den beiden überhaupt eine Verbindung besteht.

Das Wesen von Ki

Wie uns unsere fünf Sinne bestätigen, hat das Universum, in dem wir leben, Farbe und Form. Aber welches ist das wirkliche Wesen des Universums?

Alles, was Form hat, muß auch einen Anfang haben. Zum Beispiel sagt man von der Sonne, daß sie glüht, aber es muß einen Anfang des Feuers gegeben haben. Es muß auch Feuer gegeben haben, ehe das Feuer begann. Wenn wir dem Ursprung aller Dinge nachspüren, erreichen wir einen Punkt, an dem nichts existierte. Andererseits kann ›nichts‹ nicht etwas hervorbringen. Zen benutzt den Begriff *mu*, Nichts, aber dies ist kein vollständiges Nichts; das heißt, das *mu* des Zen benennt einen Zustand, in welchem nichts existiert und dennoch etwas ist.

Mathematisch ausgedrückt ist die Grundeinheit der Mathematik die Zahl Eins. Die Erde ist Eins. Ein Kiesel ist Eins. Nimmt man eine Hälfte davon weg, ist der Rest für sich immer noch Eins. Auch wenn man die Eins unendlich oft halbiert, wird sie nicht Null. Wenn es eine Eins gibt, existiert immer auch die Hälfte davon. Ki ist daher die unendliche Menge unendlich kleiner Teilchen. In diesem Sinne sind die Sonne, die Sterne, die Erde, Pflanzen, Tiere sowie Geist und Körper des Menschen alle aus dem Ki des Universums geboren.

Aus Ki, der ursprünglichen Substanz des Universums, entstammen Bewegung und Ruhe, Zusammenfügen und Auseinanderbrechen, Ausdehnen und Zusammenziehen und viele gegensätzliche, einander bedingende Bewegungen, die dem gegenwärtigen Universum seine Form verleihen. Ki hat keinen Anfang und kein Ende; sein absoluter Wert nimmt weder zu noch ab. Wir sind eins mit dem Universum, und unser Leben ist ein Teil des Lebens des Universums. Schon vor Beginn des Universums wie auch jetzt in diesem Moment existierte und existiert ein absoluter Wert als feststehende Tatsache, innerhalb welcher Geburt, Wachstum, Tod und Verfall fortwährend geschehen.

Die christliche Kirche nennt die universelle Essenz Gott, und seine Handlungen die Vorsehung Gottes. Mit anderen Worten: Gott existiert in dieser Welt, und Gottes Vorsehung ist ein nie endender Vorgang.

Im Ki No Kenkyūkai unterscheiden wir zwischen dem Ki, das wir täglich gebrauchen und dem universellen Ki, der wahren Essenz des Universums. Wir nennen das Wirken des Universums die Gesetze des Universums.

Unser Leben wurde aus Ki geboren, und es muß eines Tages zu ihm zurückkehren. Mit den Augen des Körpers betrachtet, scheint unser Leben im Moment des Todes zu verschwinden, aus der Sicht des Geistes jedoch verschwindet nichts. Wir haben vorher existiert und werden auch danach noch sein. Etwas mit den Augen des Geistes zu betrachten bedeutet, es unter dem Gesichtspunkt seines wahren Seins zu sehen. Vom wahren Geist des Universums aus gesehen sind wir alle, die ganze Welt, die gesamte Menschheit, zusammen mit allen Bäumen, allen Gräsern und allem sonst, auch den Wolken und dem Nebel, aus demselben Schoß. Kann es da für Hassen und Kämpfen einen Grund geben? Man wird den Geist der Liebe, des Beschützens aller Dinge und des Verbots zu kämpfen erst verstehen, wenn man das Problem aus der Sicht der grundlegenden Essenz des Universums sieht.

Unser Leben ist vergleichbar der Menge Wasser, die wir dem Ozean entnehmen und in unseren Händen halten. Wir nennen es ›Ich‹, wie wir auch das Wasser ›unser Wasser‹ nennen, nur weil wir es in Händen halten. Vom Standpunkt des Wassers aus gesehen ist es jedoch ein Teil des Meeres. Denn wenn wir unsere Hände öffnen, wird das Wasser ins Meer zurückkehren, und selbst wenn es in unseren Händen bleibt, besteht dennoch der Zusammenhang mit dem Meer weiter, und wenn wir uns weigern, das Wasser nach seiner Art fließen zu lassen, wird es schal.

Unser Leben ist Teil des universellen Ki, das von der Materie unseres Körpers umschlossen ist. Wir sagen dazu ›Ich‹, aber aus der Sicht des Geistes ist es das Ki des Universums. Und auch wenn dieses Ki in Materie eingeschlossen ist, ist es trotzdem mit dem Kosmos in Verbindung und als Teil desselben aktiv. Wenn wir atmen, atmen wir mit unserem gesamten Körper das Ki des Universums. Wird der Austausch unseres Ki mit dem des Kosmos nicht behindert, sind wir lebendig und bei guter Gesundheit. Ist er geschwächt, werden wir lustlos, und wenn er völlig aufhört, sterben wir.

Beim Ki-Training üben wir, ständig Ki fließen zu lassen, denn nur so kann ein ungehinderter Austausch mit dem Ki des Universums stattfinden. Wenn wir den Ki-Fluß unterbrechen, kann kein frisches Ki einströmen, und die Lebenskraft wird geschwächt. Deshalb dienen unsere Übungen und die Betonung des ständigen Fließenlassens von Ki nicht nur dazu, die Kampftechniken zu verbessern, sondern auch dazu, den Austausch unseres Ki mit dem des Universums zu erleichtern. Das ist eine außerordentlich nützliche Methode, das meiste und beste aus seiner Lebenskraft zu machen.

Schon seit Jahrhunderten sagt man in Japan, daß das Sterben wie ein Nach-Hause-Gehen ist, aber ohne feste Überzeugung ist es unmöglich, sich diese Haltung zu eigen zu machen.

Wir sind eins mit dem Ki des Universums, und der Tod ist lediglich die Rückkehr unseres Ki zum Ki des Universums. Wir müssen — solange wir leben und auch nach dem Tod — unser gesamtes Kraftpotential benutzen. Diese unbeirrbare Überzeugung ist grundlegend für den Erfolg.

Positives und negatives Ki

Damit das grundlegende Sein des Universums, welches Ki ist, den gegenwärtigen Zustand des Universums hat erreichen können, mußte es eine Reihe gegensätzlicher Prozesse durchlaufen. Diese Prozesse dauern noch heute an und werden weit in die Zukunft andauern. Im Osten nennt man diesen Dualismus die Theorie von *Yin* und *Yang*. Yin bezeichnet den Schatten und Yang das Sonnenlicht. Im Licht der Sonne gibt es notwendigerweise auch Schatten; im Leben muß es den Tod, im Hohen die Tiefe und in der Stärke die Schwäche geben. Das Universum in seiner Einheit ist absolut, aber seine Erscheinungsform ist eine Welt der Dualität.

Thomas A. Edison, der berühmte Entdecker der Elektrizität, ging so weit zu sagen, das ganze Universum bestehe aus Elektrizität und entwickle sich aus dem Gegensatz positiver und negativer Faktoren. Sonne und Geburt sind positiv, Schatten und Zerstörung negativ. Ki fließen lassen ist ein positiver Vorgang, es zurückziehen ein negativer.

Unser Ki ist ein Teil des Ki des Universums, und unser Körper ist das Gefäß, das wir benutzen, um unser Ki zu beschützen. Der Geist ist das uns vom Universum gegebene Mittel, mit dem wir das körperliche Gefäß schützen und hegen und mit dem wir den Austausch unseres Ki mit dem des Universums bewirken und steuern. Vielleicht können wir die Prozesse, die bei der Erzeugung von Elektrizität ablaufen, mit denen des Ki-Flusses vergleichen. Im Generator wird potentielle Elektrizität zu Elektrizität und strömt aus, um zahllose Maschinenarten anzutreiben. Das Universum seinerseits ist angefüllt mit Ki, welches unser Gehirn, vergleichbar einem Generator, benötigt, um den Geist ins Leben zu rufen. Dieser wiederum wird zu unserem eigenen Ki, welches den Körper bewegt.

Wer einen kranken Geist hat, wird unfähig sein, die Gesundheit seines Körpers zu bewahren oder sein Ki mit dem des Universums auszutauschen. Wer die Technik seiner Kampfkunst vervollkommnen will, muß zuerst seinen Geist vervollkommnen. Wenn der Anfang unsauber ist, wird es auch das Ende sein. Ein unsauberes Herz führt nur zur vollkommenen Leere. All dies zeigt, daß das Ki des Universums sowohl für guten als auch für schlechten Gebrauch zur Verfügung steht. Wenn positives Ki existiert, muß es auch negatives geben. Der einzelne muß auswählen, welches er benutzen will. Wenn er auf der Sonnenseite spazierengehen und ein aktives Leben führen möchte, muß er positives Ki entwickeln. Er muß von seinem Geist positiven Gebrauch machen und eine positive Haltung einnehmen. Wenn er auf der Schattenseite gehen und schwermütig sein möchte, braucht er seinem Geist nur negativ zu benutzen. Es liegt an uns, welche Haltung wir auswählen.

Zwar will eigentlich jeder ein glückliches und aktives Leben führen, doch wer seinen Geist immer in negativer Weise gebraucht, kann auf ein positives Leben nicht einmal hoffen. Denn ein positives Leben ist von einer positiven Haltung abhängig. Fangen Sie damit an, positives Ki auszubilden, und Sie werden erfolgreich sein.

Wenn es plötzlich kalt wird und Sie denken: »Bei diesem Wetter kann man sich leicht erkälten«, wird im gleichen Moment Ihr Ki negativ, und Sie werden sich tatsächlich erkälten. Wer denkt: »Was ist schon eine Erkältung? Sie macht mir kann man sich leicht erkälten«, wird im gleichen Moment Ihr Ki negativ, und Sie werden sich tatsächlich erkälten. Wer denkt: »Was ist schon eine Erkältung? Sie macht mir nichts aus«, wird die Erkältung so schnell los, wie er sie bekommen hat.

Wenn Sie eine Arbeit mit der Haltung anfangen: »Ich glaube nicht, daß sie mir gut von der Hand gehen wird«, dann wird sie auch nicht gut von der Hand gehen. Wenn Sie aber Ihre ganze Kraft und Ihr ganzes Selbstvertrauen benutzen, werden Sie sie gut machen.

Viele fangen etwas an und nehmen sich vor, es mit einer positiven Einstellung zu tun. Aber dann taucht eine negative Einstellung auf und siegt. Beim Ki-Training üben wir uns ständig darin, Ki abzugeben, es fließen zu lassen, um so ständig eine positive Haltung zu bewahren. Wenn wir dann manchmal in einen negativen Zustand verfallen und jemand uns sagt: »Na los, vergiß nicht, Ki fließen zu lassen«, dann können wir dies dank der guten Gewohnheit unmittelbar umsetzen und auf positives Ki umschalten.

In meiner Heimatstadt kommen jedes Jahr während der drei ersten Tage im neuen Jahr alle Mitglieder des

Ki No Kenkyūkai, die möchten, zusammen, und wir gehen an einen nahegelegenen Fluß zum Üben. Die Außentemperatur mag 8 oder 9 Grad unter Null betragen, und das Wasser, das von den schneebedeckten Bergen herunterkommt, ist eisig kalt. Wenn man seine Finger hineinsteckt, hat man das Gefühl, das Fleisch gefriert. Wenn dann die Sonne im Osten aufgeht, machen wir in Badekleidung einige leichte Freiübungen und gehen anschließend gemeinsam bis zur Hüfte ins Wasser. Wir bilden einen Kreis, und auf das Zeichen ›Eintauchen!‹ tauchen wir bis zur Schulter ein. Auf ein weiteres Zeichen beginnen alle, mit ganzer Kraft laut zu schreien. Nach ungefähr drei Minuten erheben wir uns. Meist wiederholen wir das ganze zwei oder drei Mal und gehen dann wieder ans Ufer. Dort trocknen wir uns ab, ziehen unsere Übungskleidung an und machen Atemübungen. Auf diese Art beginnen wir das Training im neuen Jahr.

Manchmal sind einige Mitglieder ängstlich und fragen, ob sie sich dabei nicht erkälten können. Meine Antwort ist immer die gleiche: »Wenn Sie sich erkälten wollen, dann erkälten Sie sich. Wenn nicht, dann nicht.« Natürlich, wenn niemand, der in den kalten Fluß steigt, sich erkälten würde, bräuchte es überhaupt keine kranken Menschen zu geben. Wichtig ist bei dieser Übung hauptsächlich, den Einen Punkt zu halten (was ich später erläutern werde) und Ki fließen zu lassen.

Einmal fragte mich ein Mann, der sonst nicht an den Ki-Übungen teilnahm, ob er dabei einmal mitmachen dürfe. Obwohl ich dies normalerweise immer ablehne, bestand der Mann so sehr darauf, daß ich mich entschloß, ihm zu zeigen, wie man den Einen Punkt im Unterbauch hält und Ki fließen läßt. Dann erlaubte ich ihm, mitzumachen. Solange er im Wasser war, konzentrierte er sich intensiv darauf, alles so zu machen, wie ich ihm gesagt hatte, und es gab keine Probleme. Als er jedoch aus dem Wasser herausstieg, wurde er allzu selbstsicher und verlor sogleich den Einen Punkt. Im selben Moment fing er an, wie Espenlaub zu zittern. Die anderen Schüler, die guter Dinge waren, um ihn herumstanden und noch nicht einmal eine Gänsehaut hatten, lachten herzlich über diesen zitternden Mann. Ich ermahnte ihn, sich wieder auf den Einen Punkt zu besinnen, damit sein Zittern aufhöre. Wer kontinuierlich übt, wird den Einen Punkt nicht verlieren, auch wenn er sich nicht bewußt darauf konzentriert.

Sinn dieser Übung ist es jedoch nicht, zu lernen, wie man Kälte aushält. Zuerst einmal ist sie ein Test, bei dem man seinen Körper benutzt, um zu erkennen, wie kraftvoll der Zustand ist, wenn man den Einen Punkt im Unterbauch hält und ständig Ki fließen läßt. Zweitens beginnen wir mit ihr das neue Jahr, damit wir während des ganzen Jahres voller Ki sind und einen positiven Geist haben. Und drittens waschen wir dadurch, daß wir ins Wasser gehen, alle schlechten Gedanken und Erfahrungen des vergangenen Jahres fort und machen einen Neubeginn — wie ein neugeborenes Kind. Auch hilft dieses In-den-Fluß-Gehen dabei, eine starke positive Haltung zu entwickeln, die das ganze Jahr hindurch Erkältungen abhält. Wenn es kalt wird, denken wir einfach daran, wie wir im Winter in den eisigen Fluß gegangen sind. So wird uns dann, mit all unseren Kleidern am Leib, ein klein wenig Kälte nichts ausmachen, und wenn wir uns trotzdem erkälten, wird uns diese positive Haltung zumindest dabei helfen, schnell wieder gesund zu werden.

Sowohl positives als auch negatives Denken lassen sich auf praktisch alles anwenden. Zum Beispiel sieht jemand ein paar seiner Freunde miteinander reden. Wer eine positive Haltung hat, wird sich nichts dabei denken. Mit einer negativen Haltung jedoch wird man sich sofort fragen, ob sie nicht gerade dabei sind, schlecht über einen zu sprechen. Durch unnötiges Nachdenken über solche Dinge wird die Haltung eines bereits negativ eingestellten Menschen immer negativer. Die einen interpretieren ein und dieselben Worte positiv, die anderen negativ. Mehr noch, die gleichen Worte hören sich für ein und denselben Menschen unterschiedlich an, je nachdem, ob sein Ki gerade positiv oder negativ ist, wenn er sie hört.

Wenn ein Freund Sie einen Dummkopf nennt und Sie in positiver Stimmung sind, werden Sie leicht darüber hinwegsehen, weil Sie wissen, daß es Ihr Freund ist. Sind Sie jedoch in negativer Stimmung, und sagt er das gleiche, so haben Sie leicht den unangenehmen Verdacht, daß seine Freundschaft nur geheuchelt war und er Sie wirklich für das hält, was er Sie nennt. Erinnern Sie sich jedoch: Positives zieht Positives an und Negatives Negatives. Wenn Sie in negativer Stimmung sind, werden Sie negativ denken, negativ handeln und alles um Sie herum in Negatives verwandeln. Weil Negatives Negatives anzieht, sieht, wenn auch nur eine Sache schlecht geht, alles negativ aus. Wenn Sie am Morgen, bevor Sie zur Arbeit gehen, mit Ihrer Frau streiten, wird der ganze Tag schlecht laufen. Lassen Sie einen mürrischen Menschen zu einer Gruppe von vier oder fünf fröhlich plaudernden kommen — sofort wird jeder still und verdrießlich, weil das Negative dieses einen schon genug ist, um alles um ihn herum in Negatives zu verwandeln. Wenn ein Mitglied einer potentiell glücklichen Familie negativ ist, wird es die ganze Familie sein.

Umgekehrt werden, wenn Ihr Ki positiv ist, Ihre Gedanken, Taten und alles um Sie herum ebenfalls positiv. Lachen ist die Pforte zum Glücklichsein, denn Positives zieht Positives an. Ein Mensch mit einem starken positiven Wesen bringt leicht Leben in eine Gruppe von vier oder fünf Personen, und man kommt miteinander ins Gespräch, denn seine positive Haltung kann die Umgebung positiv beeinflussen. Ein tapferer General flößt seinen Männern Mut ein. Umgekehrt wird ein feiger General schließlich sogar seine mutigsten Männer anstecken.

Wenn wir daran interessiert sind, nicht nur uns selbst zu entwickeln, sondern die ganze Welt und alles in der Gesellschaft schöner zu machen, müssen wir unsere eigenen positiven Eigenschaften individuell stärker machen und mit diesen versuchen, alles um uns herum in Positives zu verwandeln.

Ein Vertreter, der auf die Reise geht, tut sicher nicht

gut daran, von vornherein anzunehmen, daß er an einem bestimmten Ort nichts verkaufen wird. Er weiß nicht, ob er etwas verkaufen wird oder nicht, aber mit einer negativen Haltung wird er tatsächlich nichts verkaufen, denn er überträgt seine negative Haltung auf seine potentiellen Kunden. Er muß eine ausreichend positive Einstellung haben, um zu erreichen, daß seine Käufer positiv reagieren. Selbst wenn er nichts verkauft, kann er bei sich selbst Zufriedenheit erreichen, wenn er sich einfach klarmacht, daß er lediglich diesmal nichts verkauft hat. Wenn er seine positive Einstellung bewahrt und so zu seinem nächsten potentiellen Kunden übergeht, wird er am Ende nicht mit leeren Händen nach Hause fahren.

Kranke Menschen sind üblicherweise negativ gestimmt und wenden sich gern einem anderen negativ eingestellten Menschen zu und sagen Dinge wie: »So, du bist auch krank? Ich leide an der und der Krankheit. Nicht wahr, es ist schlimm, krank zu sein?« Auf diese Weise wird seine Einstellung noch negativer. Dabei wäre es viel besser für jemanden, der sich negativ fühlt, wenn er bei jemandem, der stark und gesund ist, Positives suchen würde.

Die meisten Menschen im Krankenhaus haben eine negative Haltung. Sogar Gesunde tendieren dazu, diese unbemerkt zu übernehmen, wenn sie sich in einer solchen Umgebung längere Zeit aufhalten. Aber für Kranke kann dieser Effekt fatal sein. Wenn sich ihre Krankheit ein wenig verschlechtert, wird ihr Ki gleich so negativ, daß sie meinen, sie könnten deswegen sterben.

Auch wenn jemand im Nebenzimmer stirbt, haben sie das Gefühl, sie wären als nächster dran. In einer solchen Situation ist es unbedingt notwendig, positives Ki zu entwickeln.

Leben und Tod sind vorherbestimmt. Wenn man stirbt, muß man sterben, und solange man lebt, muß man leben. Man ist niemals tot, solange man lebt. Solange Sie lebendig sind, sollten Sie daher nur ans Leben denken. Alles, was Sie zu tun haben, ist, den Einen Punkt zu halten und Ki fließen zu lassen, es abzugeben, damit der Zusammenfluß Ihres Ki mit dem des Universums erleichtert wird. Die Lebenskraft, die schon immer in Ihnen war, wird so auf natürliche Weise aktiviert.

Wenn ein Besucher zu einem Kranken so etwas sagt wie: »Sie müssen vorsichtig sein, Herr Soundso ist nämlich an dieser Krankheit gestorben!«, tut er diesem ungefähr so viel Gutes wie einer, der an den Beinen eines Gehängten zieht. Das einzig wirklich Gute, das Sie einem Kranken sagen können, ist: »Das reicht nicht aus, um Dich unterzukriegen. Nur Mut!«

Wenn Ihr Vorgesetzter oder Ihr Lehrer Sie bei der Arbeit ermahnen muß, so können Sie dies auf positive oder auf negative Weise annehmen. Sie sollten erkennen, daß Sie korrigiert worden sind, weil Sie etwas falsch gemacht haben. Wenn Sie dies gutwillig und mit dem Entschluß hinnehmen, den Fehler nicht zu wiederholen, wird der Grund für den Tadel bald verschwunden sein. Wenn Sie die Einheit von Geist und Körper einmal verwirklicht und starkes Ki entwickelt haben, können Sie solch einen Tadel nehmen, wie es sein sollte. Sie müssen geistig unbewegt bleiben; Sie brauchen deswegen nicht niedergeschlagen zu sein. Derjenige, der Sie tadelt, wird seinerseits erkennen, wie gut Sie es aufnehmen, und ohne daß er es bemerkt, wird auch sein Ki positiv. Er wird überhaupt nicht mehr dazu neigen, ungehalten zu sein, und selbst wenn er zehn Gründe fände, Sie zu tadeln, wird er es dennoch nur zwei oder drei Mal tun.

Wenn Sie dagegen feindlich reagieren und es übelnehmen, wenn Sie jemand rügt, wenn Sie weinerlich sind und aussehen, als würden Sie gleich in Tränen ausbrechen, wird sich Ihre negative Haltung auf den Schimpfenden übertragen, und er wird wütender werden als zuvor und Sie mehr tadeln als nötig und als er beabsichtigt.

Korrigiert Sie jemand wegen etwas, das Sie nicht getan haben, so ist das sein Fehler und nicht der Ihre. Lassen Sie sich dadurch nicht aufregen. Sie können selbst beurteilen, ob es die Situation erfordert, daß Sie Ihre Meinung äußern, oder ob Sie einfach ruhig zuhören und die Sache vorbeiziehen lassen. Wenn Sie sich entschließen, die Situation durch ruhiges Zuhören zu meistern, benötigen Sie sehr starkes positives Ki. Doch was auch immer Sie tun mögen, wenn Sie getadelt werden, sorgen Sie dafür, daß Ihr Ki positiv bleibt, und geben Sie sich nicht geschlagen.

Da wir im Ki No Kenkyūkai ständig damit befaßt sind, Ki fließen zu lassen, ist das Dōjō (der Übungsraum) immer mit positivem Ki gefüllt. Jemand, der sich nicht wohlfühlt oder im Moment zu krank ist, um mitzuüben, kann sein Ki vom Negativen ins Positive wenden, indem er einfach ins Dōjō kommt, zuschaut und einen Teil des reichlichen Vorrats an positivem Ki aufnimmt. Jeder, der gerade nicht am Unterricht teilnimmt und dessen Ki negativ wird, findet es außerordentlich schwierig, wieder positiv zu werden; aber es ist ganz leicht, wenn er die Hilfe des positiven Ki einer großen Zahl von Menschen hat.

Wenn Sie Ihr Tagewerk vollbracht haben und müde nach Hause gehen, sollten Sie im Dōjō vorbeikommen und eine Weile üben. Ihr gesamter Körper wird sich entspannen. Ihr Ki wird positiv, und Sie werden sich wieder wohlfühlen. Zu Hause werden Sie tief schlafen und am nächsten Tag mit einer positiven Haltung gegenüber Ihrer Arbeit erwachen. Wenn Sie jedoch nach Hause gehen und über Ihre Erschöpfung klagen, finden Sie selbst im Schlaf keine Erholung. Am nächsten Morgen werden Sie aufwachen und noch immer müde sein.

Wenn sich etwas Unerfreuliches ereignet hat, sollten Sie es nicht mit nach Hause nehmen, sondern im Dōjō vorbeigehen und Ihr Ki wieder positiv machen. Das Zuhause sollte immer ein angenehmer und freundlicher Ort sein.

Wer zu weit vom Dōjō entfernt wohnt, um dort üben zu können, sollte alleine üben, den Einen Punkt im Unterbauch zu halten und sich bewußt anstrengen, sein Ki in positiver Verfassung zu halten.

Es ist zwar für jeden leicht, positiv zu bleiben, wenn alles gut läuft. Wir müssen uns jedoch dazu erziehen, gerade dann Negatives in Positives zu verwandeln, wenn die Umstände einmal ungünstig sind. Da Positives Positives anzieht, kann ein positives Wesen zu einem positiven Schicksal führen.

Unser Ki befindet sich im Wechselspiel mit dem Ki des Universums. Wenn wir so viel Ki wie möglich fließen lassen, können wir diesen Austausch verbessern. Wir können so viel Ki fließen lassen, wie wir möchten, denn sein Vorrat ist unerschöpflich. Aber wenn wir unser Ki ein Mal positiv gemacht haben, sollten wir uns nicht damit zufrieden geben und aufhören. Ob wir aus unserem Leben etwas Strahlendes oder etwas Erbärmliches machen, hängt davon ab, ob wir auf Dauer den positiven oder negativen Weg wählen.

Wir müssen gemeinsam und alle zusammen etwas Strahlendes aus diesem unbezahlbaren Geschenk des LEBENS machen, das wir vom Universum erhalten haben. Wenn jeder von uns sein individuelles Licht anzündet, können wir der ganzen Welt Glanz verleihen.

Kapitel 5

Die Vier Grundprinzipien der Einheit von Geist und Körper

(1) *Den Einen Punkt halten*
(2) *Sich vollkommen entspannen*
(3) *Das Gewicht unten halten*
(4) *Ki fließen lassen*

Sowohl der Geist als auch der Körper sind aus dem Ki des Universums geboren und waren ursprünglich eins. Es gibt keine Trennungslinie zwischen Geist und Körper, die festlegen würde: dies ist der Geist und das der Körper. Geist ist verfeinerter Körper und der Körper nicht verfeinerter Geist. Der Geist ist verfeinert und der Körper stofflich.

Es ist wirklich nicht schwer, Geist und Körper, die ja ursprünglich eins sind, zu vereinen. Es sieht nur so schwierig aus, da man normalerweise darauf besteht, Geist und Körper als getrennte Dinge anzusehen. Diejenigen, die den Geist predigen, predigen nur den Geist, und die den Körper predigen, nur den Körper. Obwohl Haare und Haut von derselben Mutter geboren wurden, arbeiten sie nach verschiedenen Regeln. Entsprechend gilt: obwohl Geist und Körper aus demselben Ki des Universums entstanden sind, folgt der Geist natürlicherweise den Gesetzen des Geistes und der Körper denen des Körpers. Erst wenn beide sich wie die Räder eines Wagen zusammen bewegen, können wir Geist und Körper im täglichen Leben wirklich vereinen.

1. Der Geist lenkt den Körper

Wir sind uns nie wirklich bewußt, ob wir gerade den Geist oder den Körper gebrauchen. Aber welche Beziehung besteht zwischen den beiden genau? Selbst wenn wir die Bedeutung der Einheit von Geist und Körper begreifen, können wir keine Einheit erreichen, wenn wir die Beziehung der beiden untereinander nicht verstehen. Wenn wir ruhig sitzen und überhaupt nicht an unseren Körper denken, kann es uns gelingen, den Geist zu einen, und auch Geist und Körper treten in einen Zustand der Einheit ein. In der Bewegung jedoch verschwindet diese Einheit wieder, und zwar deshalb, weil wir die Verbindung zwischen Geist und Körper nicht verstehen und in der Art und Weise, sie zu gebrauchen, Fehler machen.

Der Geist hat keine Gestalt, keine Farbe und keinen Geruch, und er bewegt sich nach Belieben von einem Ort zum anderen. Wir können denken, daß er jetzt gerade hier ist, um dann festzustellen, daß er sich blitzschnell 1000 Kilometer von uns entfernt hat. Im Gegensatz dazu hat der Körper Gestalt, Farbe und Geruch, und seine Bewegungen sind begrenzt. Es ist sehr schwierig, diese beiden verschiedenen Elemente gleichbleibend in Einheit zu halten. Wir erkennen, daß wir eines davon zum Mittelpunkt unserer Anstrengungen machen und es in Einheit bringen müssen, aber das führt uns zu der Frage, welches der beiden. Natürlich ist es unmöglich, Körper und Geist zu trennen, aber zweckbezogen können wir uns fragen, ob der Geist den Körper oder der Körper den Geist bewegt. Die Übungsmethoden werden sich je nach der Antwort auf diese Frage sehr stark voneinander unterscheiden.

Untersuchen wir zuerst den Standpunkt, der Körper lenke den Geist. Kann jemand einen Menschen so festbinden, daß der Geist sich nicht mehr bewegen kann? Natürlich nicht. Ist der Körper eingeschränkt, bewegt sich der Geist umso mehr. Wird einem Patienten vom Arzt absolute Bettruhe verordnet, dann wird der Geist des Kranken nur umso aufgeregter.

Wer Zazen geübt hat, weiß, daß man beim Sitzen mit gesammeltem Geist zuerst von einer Vielzahl von Gedanken, die das Gehirn durchströmen, gestört wird. Wir erinnern uns an so banale Dinge wie die drei Tassen Reis, die wir vor drei Jahren einem Nachbarn geliehen haben. Es ist nicht möglich, den Geist an einem Ort zu halten, indem man den Körper einschränkt.

Wahrscheinlich gibt es Menschen, die der Meinung sind, der Körper beherrsche den Geist, denn wenn der Körper in schlechtem Zustand ist, ist der Zustand des Geistes hoffnungslos, und wenn der Körper in guter Verfassung ist, strahlt auch der Geist. Natürlich beeinflußt der Körper den Geist, da ja beide eins sind; aber das allein berechtigt uns nicht zu sagen, der Körper beherrsche den Geist. Manche haben großes Glück gehabt, sind gesund geworden und haben sich von einer Krankheit erholt, anderen aber ist auch mit einem gesunden Körper außergewöhnliches Leid begegnet, und sie sind über Nacht alt geworden. Auf das Wesentliche zusammengefaßt heißt das: wenn der Körper den Geist beherrschte, müßte der Geist in gleichem Maße wie der Körper alt werden, und wenn der Körper in schlechte Verfassung gerät, müßte der Geist auch immer schwach und unfähig sein, sich zu konzentrieren.

Zwar beeinflußt die Umwelt den Menschen, aber sie verändert sich ständig und ist nicht stabil. Da sie jedoch den Körper tatsächlich beeinflußt und lenkt, wären wir, wenn der Körper den Geist beherrscht, weit entfernt von körperlicher und geistiger Einheit und sehr unbeständig.

Gelegentlich sagen Hypnotiseure zu ihrem Klienten: »Sie können jetzt nicht von Ihrem Stuhl aufstehen«, worauf er tatsächlich nicht aufstehen kann. Das liegt daran, daß der Hypnotiseur dem Geist des Betreffenden die Vorstellung eingegeben hat, daß er nicht aufstehen kann. Der Hypnotiseur benutzt also die weiten Möglichkeiten des Unbewußten, um zu bewirken, daß der Klient davon überzeugt ist, nicht aufstehen zu können. Deshalb sagt man oft, daß nur Dumme, Verrückte und Perverse nicht hypnotisiert werden können, weil sie nicht verstehen können, was der Hypnotiseur sagt und nicht so denken, wie er will, daß sie denken.

Wenn es keinen Hypnotiseur in Ihrer Nähe gibt, können Sie es auch selbst versuchen. Setzen Sie sich auf einen Stuhl, und denken Sie: »Ich kann von diesem

Stuhl nicht aufstehen.« Seien Sie wirklich überzeugt davon, und versuchen Sie dann, aufzustehen. Sie können es nicht. Legen Sie dann Ihre Hände in den Schoß, und sagen Sie sich, daß Sie sie nicht hochheben können. Wenn Sie wirklich überzeugt davon sind, daß Sie es nicht können und es trotzdem versuchen, werden Sie sehen, daß Sie es tatsächlich nicht können. Ohne daß Sie sich dessen bewußt sind, sagt Ihnen Ihr Geist, daß Sie Ihre Hände nicht hochheben können, und Ihr Körper folgt dieser Information. Dies ist der Beweis, daß der Geist den Körper lenkt.

Ein Arzt, der zu seinem Patienten sagt, er müsse absolut ruhig liegen, wenn sich die Krankheit nicht verschlimmern soll, trägt nur zur geistigen Unruhe des Kranken bei. Würde er jedoch sagen, daß alles in Ordnung ist und der Kranke sich nur ausruhen muß und daher versuchen soll, seinen Körper nicht zu bewegen, täte er mehr dafür, jene Atmosphäre zu schaffen, in der der Kranke wieder gesund werden kann.

Da der Geist den Körper lenkt, muß man nicht notwendigerweise mit dem Körper altern. Menschen, die trotz ihres hohen Alters noch immer lebenslustig und gesund sind, sind immer Menschen mit einem gesunden und starken Geist. Sie können jederzeit jede Krankheit ohne Schwierigkeit überwinden, wenn Sie ganz entschlossen die Einstellung bewahren, daß, wenn auch der Körper krank ist oder sich in einer Schwierigkeit befindet, es dem Geist nicht genauso gehen muß.

Betrachten wir an dieser Stelle einige für jeden durchführbare Übungen, um den Gebrauch des Geistes in Verbindung mit dem Körper zu erklären.

Beispiel 1
Zwei Fingerspitzen verbinden sich

Verschränken Sie Ihre Hände so, wie Sie es in Abb. 1 a sehen. Die Zeigefinger bleiben getrennt.
(1) Betrachten Sie die Zeigefinger aufmerksam. Denken Sie, beide bewegen sich aufeinander zu. Wie von selbst werden sie dies tun (Abb. 1 b). Denken Sie

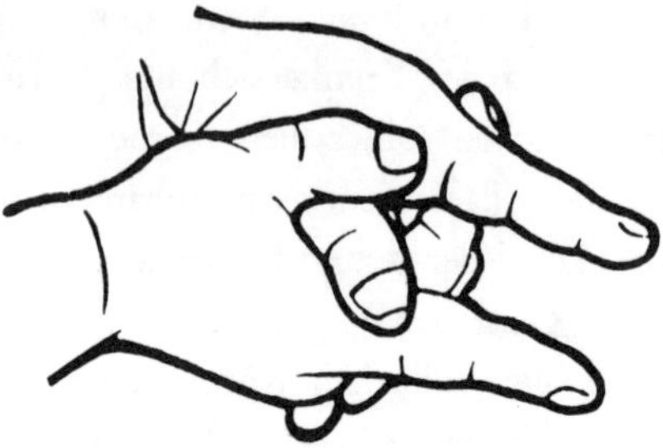

Abb. 1 a

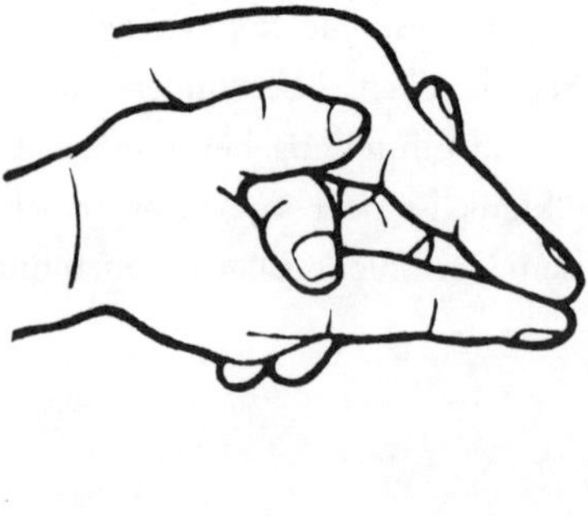

Abb. 1 b

nicht, daß sie es sind, der die Finger bewußt oder aktiv zusammenführt. Überlassen Sie dies den Fingern. Finden Sie lediglich heraus, ob die Kraft Ihres Geistes sie zusammenbringt.

Denken Sie nur daran, Ihren Geist folgsam zu konzentrieren. Ihre Finger werden sich augenblicklich aufeinander zu bewegen. Wenn Sie überrascht sind oder Zweifel haben, nehmen Sie die Finger wieder auseinander und lassen Sie sie erneut zusammenkommen. Manche Firmen machen mit ihren Stellenanwärtern diesen Test, um ihren seelischen Zustand und ihre Gesinnung zu prüfen. Menschen, die von zu viel Arbeit völlig übermüdet oder psychisch schwach sind, können ihre Finger nicht zusammenkommen lassen. So ist dies eine einfache Methode, den Grad ihrer geistigen Konzentrationsfähigkeit festzustellen.

(2) Denken Sie als nächstes intensiv, daß Sie Ihre Finger absolut nicht zusammenbringen können. Gleichgültig, wie lange sie es versuchen mögen, Sie können es nicht. Wenn in Ihrem Geist jedoch auch nur ein wenig vom vorigen Versuch — bei dem die Finger zusammenkamen — verbleibt, werden sie sich auch jetzt ein wenig nähern. Sie müssen dieses Gefühl entschieden aus Ihrem Herzen verbannen. Bei Menschen, denen es an Selbstvertrauen fehlt, werden sich auch in diesem Fall die Finger aufeinander zu bewegen. Wiederholen Sie auch diese Übung mehrmals.

Beispiel 2
Der stabile Ring

A formt mit Daumen und Zeigefinger einen Ring wie in Abb. 2 a gezeigt. B versucht, mit den Zeigefingern und Daumen beider Hände den Ring zu öffnen (Abb. 2 b).

(1) Wenn A seine Finger anspannt, wird er dies nicht verhindern können (Abb. 2 c).

(2) Spannt er sie jedoch nicht an, sondern denkt lediglich, der Ring, den er mit den Fingern gebildet hat, sei aus Stahl und unzerstörbar, kann B sie nicht ohne weiteres auseinanderziehen. Es mag sein, daß B den Ring für kurze Zeit ein wenig öffnen kann, aber solange A einen ruhigen und konzentrierten Geist behält, kann er ihn schnell wieder schließen.

Bei dieser Übung soll B nicht versuchen, A's Finger plötzlich mit einem Ruck auseinanderzuziehen. Solan-

Abb. 2 a

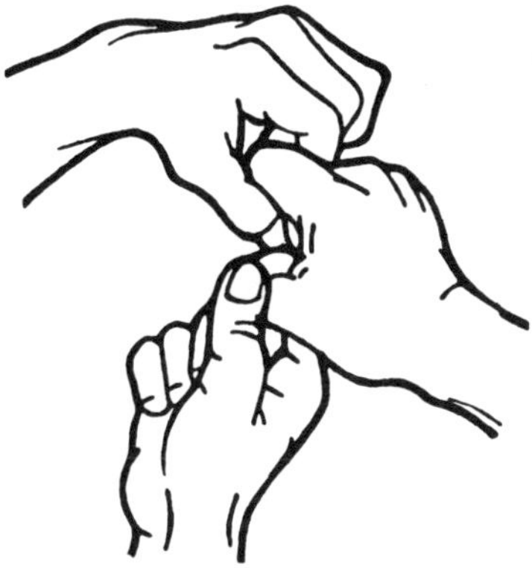

Abb. 2 b

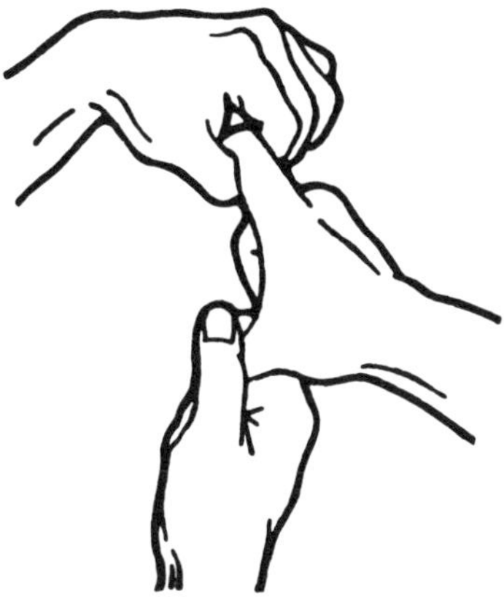

Abb. 2 c

ge A ruhig bleibt, ist solch ein plötzlicher Angriff ohnehin wirkungslos. Im allgemeinen führt jedoch plötzlicher Druck auf den Körper oder ein Körperteil dazu, daß die geistige Ruhe des betreffenden Menschen gestört wird. Um das zu beweisen, brauchen wir aber diese Übung nicht. Vielmehr wollen wir sehen, welche Wirkung die geistige Kraft auf den Körper hat. B sollte daher bei seinem Versuch, den Ring zu öffnen, seine Finger langsam und ruhig anspannen. Dann kann es deutlich werden, wann A seine geistige Kraft gebraucht und wann nicht. Später, nach einigen erfolgreichen Versuchen, kann B auch einmal plötzlich seine ganze Kraft verwenden. Aber Sie werden sehen, daß er auch dann den Ring nicht öffnen kann. Solange A denkt, daß seine geistige Kraft durch seine Finger fließt, wird sie dies auch tun.

Beispiel 3
Der unbeugbare Arm

A stellt sein rechtes Bein einen halben Schritt nach vorn und streckt seinen rechten Arm aus. B versucht mit beiden Händen, A's Arm am Ellenbogen zu beugen. Allerdings darf er ihn nicht in die falsche Richtung zu zwingen versuchen, da sonst die Gefahr von Verletzungen besteht.

(1) Zuerst ballt A seine rechte Faust, spannt den Arm an und denkt, daß B ihn nicht beugen kann. Wenn beide etwa gleich stark sind, kann B A's Arm leicht beugen (Abb. 3 a).

(2) Als nächstes öffnet A seine Hand, entspannt seinen Arm und konzentriert sich auf die Kraft seines Geistes, so als würde diese durch seinen Arm hindurch Tausende von Kilometern weit fließen (Abb. 3 b).

Solange A diese Vorstellung des Fließens aufrechterhält, kann B sich noch so sehr anstrengen, er wird nicht in der Lage sein, den Arm zu beugen. Auch dies ist keine Übung, die zeigen soll, wer der Stärkere ist, sondern ob A's geistige Kraft aktiv ist oder nicht. Daher sollte B, besonders wenn A noch Anfänger ist, seine Kraft eher langsam und ruhig einsetzen, sonst verlieren A's Gedanken ihren gleichmäßigen Fluß, und B kann selbstverständlich den Arm beugen. Mit einiger Übung jedoch werden Sie einen so starken Geist entwickeln, daß niemand den Fluß Ihrer Gedanken stören kann. Sollte B wesentlich größer oder stärker sein, sollte A darauf bedacht sein, sich davon nicht irritieren zu lassen, sonst

Abb. 3 a

Abb. 3 b

Abb. 3 c

wird es für den anderen sehr leicht, den Arm zu beugen.

Bei (2) sollte A seine Finger zunächst ausgestreckt lassen, denn wenn wir eine Faust machen, zerstören wir leicht den Gedanken, daß die Kraft unseres Geistes durch die Fingerspitzen hindurch ›tausend Kilometer weit‹ fließt. Wenn Sie aber diesen Gedanken der nach außen fließenden Kraft einmal vollkommen beherrschen, können Sie die Faust ballen oder auch Ihre Finger schlaff hängen lassen — B kann auch dann Ihren Arm nicht beugen. Dies hat nämlich nicht grundsätzlich etwas mit der Form Ihrer Hand zu tun. Selbst wenn Ihr Arm wie in Abb. 3 c angewinkelt ist, wird er unbeugbar sein, solange Sie denken, daß die geistige Kraft durch Ihre Fingerspitzen hindurch strömt.

Geistige Kraft ist wirkliche Kraft. Wenn Sie glauben, daß Ihre geistige Kraft strömt, geschieht dies auch, obwohl man es mit den Augen des Körpers nicht sehen kann. Wenn Ihre geistige Kraft bei diesen Übungen Ihren Arm durchströmt, ist der Versuch, ihn zu beugen, ebenso erfolglos wie der Versuch, einen Feuerwehrschlauch zu beugen, durch den Wasser mit hohen Druck strömt.

Durch Übung werden Sie stärker und können Ihren Geist immer besser sammeln. Deshalb sollten Sie sich darin so gut wie möglich üben. Seien Sie überzeugt von Ihrer Stärke, und sie wird Ihnen zur Verfügung stehen.

Beispiel 4
Die menschliche Brücke

A liegt mit ausgestreckten Beinen und seitlich anliegenden Armen flach auf dem Boden (Abb. 4 a). B hält A an der Schulter, und C nimmt seine Beine; dann heben sie ihn hoch.
(1) Wenn A einfach nur daliegt oder aber seinen Körper anspannt, während die beiden versuchen, seinen Körper hochzuheben, wird er an der Hüfte einknicken (Abb. 4 b).

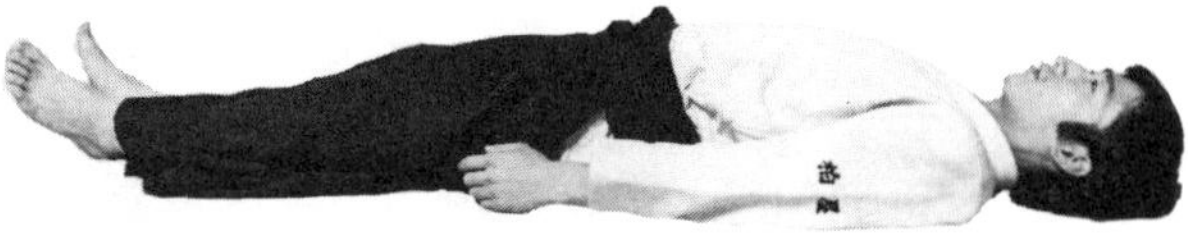

Abb. 4 a

Abb. 4 b

(2) Entspannt er sich jedoch vollkommen, und konzentriert er sich auf den Gedanken, eine Eisenstange durchlaufe seinen Körper vom Kopf bis in die Zehenspitzen oder sein Körper sei selbst aus Eisen, können B und C ihn so hochheben, wie Sie es in Abb. 4 c sehen.

Abb. 4 c

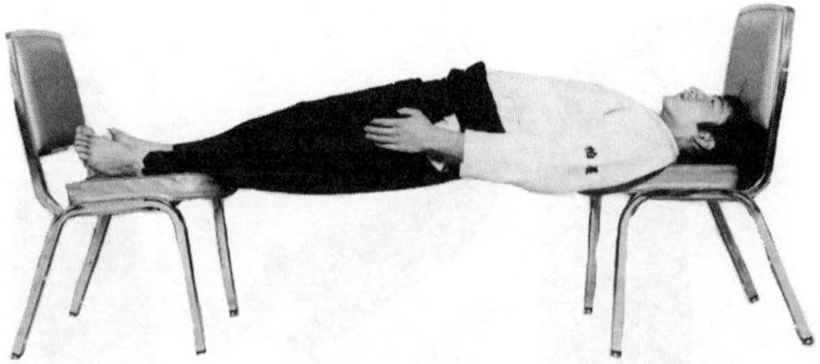

Abb. 4 d

Abb 4 e

(3) Stellen Sie zwei Stühle einander so gegenüber, daß ihr Abstand A's Körpergröße entspricht. Legen Sie seinen Kopf oder seine Schulter auf den einen Stuhl und seine Füße auf den anderen. Sein Körper bildet so eine menschliche Brücke zwischen den beiden Stühlen (Abb. 4 d).

(4) Zwei oder drei Personen stellen sich breitbeinig über den nicht unterstützten Teil von A's Körper, setzen sich sanft — damit sie A's Konzentration nicht stören — auf seinen Leib und nehmen ihre Füße vollständig vom Boden weg (Abb. 4 e). Solange A denkt, sein Körper sei aus Eisen, kann er drei oder sogar vier Leute tragen. Deren Gewicht lastet zwar direkt auf seinem Körper, aber er nimmt es nicht als schwer wahr.

Wer die Kraft seines Geistes benutzt, kann leicht das Gewicht von drei Leuten tragen. So hilft uns dieser Versuch zu verstehen, in welchem Ausmaß der Geist den Körper beeinflußt und auch, wie groß die Kraft unseres Geistes wirklich ist. Lassen Sie zunächst nur einen Partner sich auf Sie setzen, dann erhöhen Sie allmählich die Anzahl auf drei. Wenn Sie den Gedanken von der Eisenstange, zu der Ihr Körper wurde, im Verlauf der Übung aufgeben, werden Sie einknicken. Bewahren Sie also diesen Gedanken ununterbrochen während des ganzen Versuchs. Da dies keine schädlichen Auswirkungen auf den Körper hat, kann jeder einen Versuch wagen. Nur wenn Sie es selbst ausprobieren, kann diese Übung das Vertrauen in die Kraft Ihre Geistes stärken, denn immer überzeugt ein sichtbarer Beweis mehr als Worte.

Dieses Experiment wird häufig auch von Hypnotiseuren durchgeführt, aber dann ist es kaum etwas, in das man sein Vertrauen setzen kann, denn das Medium kann diesen Versuch nur so lange richtig machen, wie es sich in Hypnose befindet. Das Wichtige ist, daß Sie es auch im Wachzustand tun können, ohne sich auf jemand anderen verlassen zu müssen. Die Kraft unseres Geistes können wir im Wachzustand, ja selbst beim Spazierengehen üben.

Wenn Sie sich darauf beschränken, dieses Buch zu lesen und das Beschriebene zu verstehen, hilft es Ihnen nicht, stärker zu werden. Probieren Sie diese Übungen mit Freunden oder in einem Dōjō aus, um zu sehen, in welchem Ausmaß Ihr Geist Ihren Körper lenkt, und um festzustellen, wie stark die Kraft Ihres Geistes ist.

Sogar einfache alltägliche Dinge, die in Ihren Kopf kommen, wirken auf Ihren Körper. Wenn Sie denken,

Sie seien ein schlechter Mensch, werden Sie wahrscheinlich tatsächlich einer werden. Wenn Sie denken, Sie hätten eine chronische Erkrankung, wird Sie diese Krankheit wahrscheinlich nie verlassen. Benutzen Sie Ihren Kopf, und seien Sie positiv.

Wenn Sie einmal verstanden haben, daß der Geist den Körper lenkt, können Sie beginnen, aus der geistigen Sammlung heraus zu lernen, wie man Geist und Körper vereint und wie Sie Ihren Körper dazu bringen, Ihrem Geist zu gehorchen.

2. Den Einen Punkt halten

Wenn wir einmal erkannt haben, daß wir, um Geist und Körper in Einheit zu bringen, zuerst unseren Geist konzentrieren müssen, stellt sich die Frage, worauf. Diese Konzentration richtet sich auf den Einen Punkt im Unterbauch.

Schon von altersher haben die Menschen im Osten zwar die Bedeutung der Bauchgegend als den Entstehungsort wahrer menschlicher Stärke betont. Sie haben jedoch auch zu dem grundfalschen Glauben geneigt, daß diese Stärke durch die Konzentration körperlicher Kraft im Unterbauch erzeugt würde. Sie erkannten nicht, daß ein starker Unterbauch wie auch eine starke Persönlichkeit allein durch die Konzentration des Geistes auf diese Gegend entsteht. Wenn Sie den Bauch anspannen, spannen Sie als natürliche Folge davon auch Ihren Brustraum an. Wenn Sie lange Zeit so weitermachen, entstehen Schmerzen, und das Blut steigt in Ihren Kopf. Wir dürfen aber nicht vergessen, daß der Geist den Körper lenkt, und nicht umgekehrt.

Hinzu kommt, daß die Bauchgegend die Vorstellung von ›Fläche‹ beinhaltet und daher zur geistigen Konzentration nicht geeignet ist. Aus diesem Grund spreche ich lediglich von einem Punkt im Unterbauch, dem ›Einen Punkt‹ (*seika-no itten*). Er befindet sich ungefähr eine Handbreit unter dem Nabel. Wenn wir unseren Geist auf diesen Punkt konzentrieren, können wir einen starken Unterbauch entwickeln. Diesen Vorgang der Konzentration nennt man ›Ki sammeln‹ oder ›Ki im Unterbauch konzentrieren‹.

Vom Gesichtspunkt der rein körperlichen Gesetzmäßigkeiten aus ist dieser Eine Punkt der Ort, auf dem das Gewicht des Körper ruhen sollte. Von den Gesetzen des Geistes aus gesehen ist dies der Ort, in dem der Geist konzentriert sein sollte. Er ist also ein Verbindungspunkt von Körper und Geist. Erst wenn Sie ihn in der richtigen Weise beherrschen, ist Ihr Geist und Ihr Körper in Einheit, und wenn es Ihnen gelingt, ständig den Einen Punkt zu halten, können Sie sich in Einheit von Geist und Körper bewegen. Dieser Eine Punkt ist der Schlüsselpunkt der Einheit von Geist und Körper.

Anfangs wissen Sie wahrscheinlich nicht, an welcher Stelle des Unterbauchs sich der Eine Punkt genau befindet. Manchmal bekomme ich Briefe von Lesern, die wissen wollen, ob der Eine Punkt an der Innen- oder Außenseite der Haut des Unterbauches ist, oder die mir Skizzen vom menschlichen Körper schicken und mich bitten, mit roter Tinte einzuzeichnen, wo der Eine Punkt sein sollte. Aber diese Art zu denken führt zu nichts. Wenn Sie die wenigen Übungen, die ich Ihnen im folgenden erklären werde, wiederholt und richtig üben, können Sie selbst sagen, wo an Ihrem eigenen Körper Ihr Ki im Einen Punkt gesammelt ist. Sie werden deutlich spüren, daß dies der Eine Punkt ist und wie es sich anfühlt, wenn Ki dort gesammelt ist.

Diese Übungen und Tests werden zwar zu zweit durchgeführt, doch keinesfalls, um damit prahlen zu können, daß man den Test ›bestanden‹ hat oder eine Übung ›kann‹. Denken Sie immer daran, daß das einzige Ziel dieser Übungen ist, zu helfen, die Konzentration auf den Einen Punkt zu beherrschen. Ki-Übungen sind kein Wettkampf. Achtlosigkeit schadet, und wenn Sie einen Partner, der noch nicht viel Übung hat, wegen einer Nachlässigkeit necken, stören Sie sofort seine geistige Stabilität. Er verliert die Konzentration im Einen Punkt, und die Übung ist wertlos. Denken Sie immer daran: wir üben diese Dinge, um einander zu helfen, den Einen Punkt zu finden. Wenn unser Geist aber von Anfang an durcheinandergebracht ist, werden wir nie Erfolg haben.

Jeder Test wird zwei Mal durchgeführt. Das erste Mal wendet A Kraft und Anspannung an, das zweite Mal konzentriert er sein Ki. Dabei muß der Test bzw. die Kraft, mit der B testet, in beiden Fällen völlig gleich sein. B darf keinen plötzlichen Druck anwenden. Nur so kann der Test zeigen, ob A den Einen Punkt hält oder nicht.

Bei richtigem Üben werden beide Partner bald sehen, daß man unter diesen Voraussetzungen sehr gut fühlen kann, ob man den Einen Punkt verstanden hat. So machen beide allmählich Fortschritte. Vergessen Sie nie, sich gegenseitig so rücksichtsvoll wie möglich zu helfen, den Einen Punkt zu finden. Stehen Sie nicht im Wettbewerb miteinander.

Beispiel 1
An der linken Schulter drücken

A stellt sein linkes Bein einen halben Schritt nach vorn. B drückt mit seinen Fingerspitzen an A's linker Schulter (Abb. 5 a).
(1) Wenn A seine Schulter oder seinen ganzen Körper anspannt, kann B leicht sein Gleichgewicht brechen und den Oberkörper nach hinten drücken. Auch wenn A seinen Unterbauch anspannt und Widerstand leistet, kann er ihn bewegen. Körperliche Kraft im Unterbauch zu verwenden, ist ein Fehler.
(2) Wenn A jedoch den Einen Punkt hält, kann B ihn nicht so leicht bewegen. Entspannen Sie Ihren ganzen Körper, und denken Sie mit aller Willenskraft, daß das Gewicht Ihres Körpers in diesem Einen Punkt ruht. Lassen Sie einfach alles andere so, wie es ist. Sollte B plötzlich sehr starken Druck anwenden, kann A, ohne den Einen Punkt zu verlieren, seinen linken Fuß einen Schritt nach hinten setzen. B's ganze Kraft bewegt sich dann seitlich vorbei. A braucht diese Kraft nicht zu ak-

Abb. 5 a

Abb. 5 b

zeptieren, und so wird eher B nach vorn fallen und sein Gleichgewicht verlieren (Abb. 5 b).

Viele Menschen sind der Ansicht, der Ort, auf den man seinen Geist konzentrieren muß, sei ein Punkt in der Mitte der Stirn. Jeder, der intensiv denkt, legt seine Hand an die Stirn oder zieht die Augenbrauen zusammen. Das heißt, man versucht, seinen Geist in der Mitte der Stirn zu konzentrieren. Alle Darstellungen Buddhas etwa haben ein Zeichen in der Mitte der Stirn. Dies entstammt der Annahme, das Ki des Universums dringe durch diesen Punkt in das Gehirn ein und verbreite sich von da aus im ganzen Körper. Durch die sichtbare Markierung auf der Stirn illustriert man die Bedeutung dieses Punktes, damit man sie nicht vergißt. Und so lehren die meisten Meditationsformen, daß man seinen Geist auf die Stirn konzentrieren soll. Ich jedoch lehre, daß man den Einen Punkt im Unterbauch halten soll, statt sich auf die Stirn zu konzentrieren. Den Grund hierfür lernen Sie im folgenden nicht nur theoretisch, sondern auch anhand konkreter Beweise kennen.

Beispiel 2
Halten Sie den Punkt auf der Stirn und den Einen Punkt im Unterbauch in einer Linie

A sitzt mit aufrechtem Oberkörper auf den Fersen, die großen Zehen sind gekreuzt, und beide Hände ruhen auf den Oberschenkeln. Er denkt, daß sich der Punkt in der Mitte seiner Stirn und der Eine Punkt im Unterbauch in einer Linie befinden. Er kann dabei seine Augen schließen oder geöffnet lassen. Wenn B an der Schulter drückt, bewegt sich A nicht.

Genau genommen sind beide, der Punkt auf der Stirn und der Eine Punkt im Unterbauch, wichtig, und wenn sie sich in einer Linie befinden, sind Geist und Körper vereint und unbeweglich. Man muß jedoch noch etwas anderes, sehr Wichtiges im Auge behalten: Wenn die beiden in einer Linie sind, sind Geist und Körper in Einheit. Deshalb halten Sie, wenn Sie Ihren Geist nur auf den Einen Punkt im Unterbauch konzentrieren, den Punkt auf der Stirn von selbst. Also ist auch der Geist gesammelt. Dies ist der korrekte Zustand (Abb. 6).

Abb. 6

Beispiel 3
Konzentrieren Sie Sich nur auf den Einen Punkt im Unterbauch

A vergißt den Punkt auf der Stirn und konzentriert sich nur auf den Einen Punkt im Unterbauch. Wenn B an der Schulter drückt, ist A so stabil wie ein Fels. A hat Geist und Körper vereint (Abb. 7).

Beispiel 4
Konzentrieren Sie sich nur auf die Stirn

A vergißt den Einen Punkt im Unterbauch und konzentriert sich nur auf seine Stirn. B kann ihn sehr leicht bewegen. Dies bedeutet, daß A die Einheit von Geist und Körper verloren hat (Abb. 8).

Die vorige Übung zeigt, daß der Punkt auf der Stirn und der Eine Punkt im Unterbauch in einer Linie sein sollten. Wenn ich jedoch beide unterrichte, besteht die Gefahr, daß man den Einen Punkt im Unterbauch vergißt und sich nur an den Punkt auf der Stirn erinnert. Um das zu verhindern, beinhaltet das vierte meiner Vier Grundprinzipien der Einheit von Geist und Körper nur, den Einen Punkt im Unterbauch zu halten. Dann ist ohne weiteres Zutun der Geist gesammelt, und man kann nichts falsch machen.

Schon lange heißt es in Japan sprichwörtlich: »Denke nicht mit dem Kopf, sondern mit dem Unterbauch!« Oder: »Du bist, was Dein Unterbauch ist.«

Abb. 7

Abb. 8

Denken wir aber noch etwas tiefer über den Einen Punkt nach.

Das Universum ist ein endloser Kreis oder Raum mit einem endlosen Radius. Deshalb kann ich sagen, daß ich das Zentrum des Universums bin, das in jede Richtung unendlich ist. Auch wenn ich einen Schritt nach links mache, kann man nicht sagen, das Universum sei links von mir um einen Schritt kürzer geworden. Das Universum ist immer noch grenzenlos. Aber würde ich sagen, ich allein sei das Zentrum des Universums, wäre das ein Fehler. Selbstverständlich ist alles das Zentrum des Universums.

Ein begrenzter Kreis hat nur ein Zentrum, aber ein endloser Kreis hat so viele Zentren, wie Sie wollen. Das ist es, was der Buddha lehrte, wenn er sagte: »*Tenjō tenga yuiga dokuson* — Ich bin mein eigener Herr im Himmel und auf der Erde. Ich bin niemandes Gefolgsmann außer meiner selbst.« Der Buddha hat auch gesagt: »*Banbutsu ni busshō ari* — Alles im Universum hat die Buddhanatur in sich.« Aber später haben die Priester dies falsch wiedergegeben und gesagt: »Nur Buddha ist heilig.«

Wenn ich das Universum um mich herum immer kleiner werden lasse, wird es ich. Dies wiederum verkleinert wird der Eine Punkt, das Zentrum des Universums. Der Eine Punkt ist kein körperlich faßbarer Punkt, sondern der Punkt, der, wenn man ihn unendlich lange halbiert, niemals Null, sondern eins mit dem Universum wird. Wenn er die Grenze erreicht, an der er zu klein ist, um noch gedacht werden zu können, so

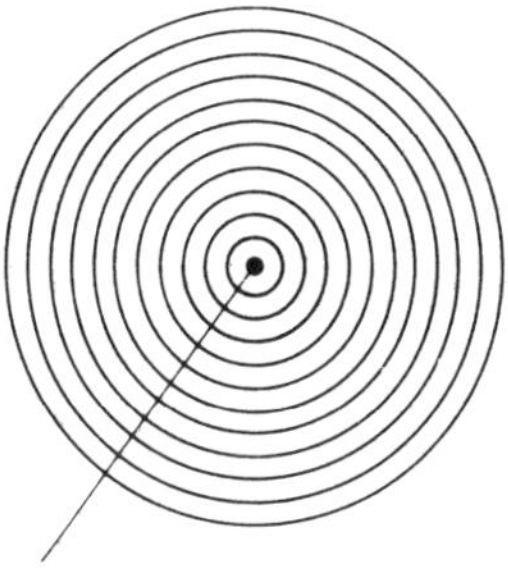

behalten Sie ihn doch weiterhin in Ihrem Geist, und lassen Sie ihn so, wie er ist. Diese Bewegung des unendlichen Verkleinerns führt zu Ruhe, und das ist die eigentliche und genaue Bedeutung des Einen Punkts im Unterbauch.

Wenn der Eine Punkt so klein wird, daß Sie ihn nicht mehr wahrnehmen können und Sie aufhören, ihn weiter kleiner werden zu lassen, so entsteht statt lebendiger tote Ruhe. Lebendige Ruhe ist der Zustand größtmöglicher Stärke, und sie enthält unendliche Bewegung; tote Ruhe hat keine Kraft, denn sie ist ohne Bewegung. Beide sehen äußerlich fast gleich aus, sind aber grundlegend verschieden. Im Zustand toter Ruhe sind Sie vom Ki des Universums abgeschnitten.

Beispiel 5
Sitzen in lebendiger Ruhe

A sitzt mit übereinandergeschlagenen Beinen auf dem Boden. Das stetig verkleinerte, unendliche Universum wird zu A, und wenn er es noch weiter verdichtet, wird es zum Einen Punkt. A halbiert auch diesen Einen Punkt immer weiter und hört nicht damit auf. B versucht nun, A umzukippen, indem er an seiner Schulter drückt oder sein Knie hochhebt. Aber A wird unbeweglich sein wie ein Fels (Abb. 9).

Beispiel 6
Sitzen in toter Ruhe

Während er seinen Einen Punkt stetig halbiert, denkt A irgendwann: »Jetzt ist der Eine Punkt klein genug« oder »Jetzt habe ich den Zustand der Einheit von Geist und Körper erreicht.« Obwohl er keinen Teil seines Körpers bewegt und dies auch nicht soll, kann B doch feststellen, daß A aufgehört hat, den Einen Punkt weiter zu halbieren. Die Augenlider oder die Wangen werden sich ein klein wenig bewegen, oder ein Schatten wird über sein Gesicht huschen. Jeder hat seine eigene Art, dies auszudrücken, aber immer ist es erkennbar. In diesem Moment kann er A leicht umwerfen (Abb. 10).

Zusammenfassend kann man sagen: der Eine Punkt ist kein greifbarer Punkt, sondern ein unendlich kleiner, verdichteter Punkt. Der Eine Punkt im Unter-

Abb. 9

Abb. 10

bauch ist wesentlich, aber Sie dürfen Ihren Geist dort nicht anhalten. Wenn er beim unendlich langen Halbieren zu klein wird, um noch wahrnehmbar zu sein, lassen Sie ihn einfach so, wie er ist. Ki ist die unendliche Menge unendlich kleiner Teilchen. Wenn der Geist bis zu diesem Grad verfeinert ist, kann man mit dem Universum eins werden.

Wenn Sie einmal verstanden haben, daß sie das Zentrum des Universums in Ihrem Unterbauch haben, so versuchen Sie, jede Tätigkeit von diesem Punkt aus zu beginnen und jede Einwirkung und alles in diesem Punkt aufzunehmen. Dann werden Sie fähig sein, die Einheit von Geist und Körper auch in Ihrem Alltag zu bewahren.

3. Sich vollkommen entspannen

Wie ein Bogen, den man immer gespannt läßt, seine Brauchbarkeit verliert, können auch Menschen fortwährende Anspannung nicht aushalten. Es ist relativ einfach, sich an einem Ort zu entspannen, an dem Sie nichts aufregt, aber in der geschäftigen Wechselhaftigkeit dieser Welt, in der Sie eine Sache kaum beenden können, bevor nicht eine andere schon darauf wartet, getan zu werden, ist es unmöglich, immer in entspannender Umgebung zu sein. Man muß also einen Weg finden, durch den man unabhängig von der Umgebung Geist und Körper überall und jederzeit vollkommen entspannen kann.

Zwar ist es nicht einfach, sich zu entspannen, wenn man beschäftigt ist, aber der Geist mancher Menschen ist derart unruhig, daß sie sich selbst dann nicht entspannen können, wenn sie sich in dazu geeigneter, entspannter Atmosphäre befinden. Diese Leute neigen zu starker Nervosität und leichter Ermüdbarkeit, und bei wichtigen Ereignissen regen sie sich leicht auf und verspannen sich. Bei Prüfungen sind junge Menschen oft nicht in der Lage, auf Fragen zu antworten, die sie unter normalen Umständen jederzeit beantworten könnten, vor wichtigen Spielen werden Sportler manchmal nervös und versagen im entscheidenden Augenblick, und all dies nur, weil sie nicht wissen, wie man sich wirklich entspannt.

Warum hat man das Gefühl, es sei unmöglich, sich in einem wichtigen Moment zu entspannen? Zuerst einmal entsteht diese Meinung aus der Einbildung, man sei schwach, wenn man sich entspannt. Tatsache ist jedoch, daß man sehr stark ist, wenn man sich richtig entspannt. Sie werden dies an den nachfolgenden Beispielen sehen. Wir sollten gerade in wichtigen und schwierigen Momenten entspannt sein, weil wir dann stark sind.

Zweitens wissen die Menschen nicht, *wie* man sich entspannt und denken daher, sie können es überhaupt nicht.

Sich entspannen bedeutet, sich wohlzufühlen und die Dinge in ihrem natürlichen Zustand zu lassen. Wir können uns entspannen, wenn wir erreichen, daß sich alles an seinem richtigen Platz befindet. Der richtige

Platz, an dem sich das Gewicht des Oberkörpers befinden sollte, ist der Eine Punkt im Unterbauch. Finden Sie zuerst diesen Ort, den Einen Punkt, auf dem das Gewicht des Oberkörpers ruhen muß. Verlagern Sie es dorthin, entspannen Sie den Oberkörper, und das Gewicht aller anderen Körperteile wird sich am richtigen Platz befinden. So werden Sie einen Zustand vollkommener Entspannung erreichen. Wenn jemand nicht weiß, wo er zu Hause ist und Sie ihm sagen, er soll nach Hause gehen, so wird er dazu nicht in der Lage sein. Das gleiche gilt, wenn Sie nicht wissen, wo Sie Ihre Kraft ruhen lassen können und man Ihnen sagt, Sie sollen sich entspannen: Sie werden es nicht können.

Wenn Sie versuchen, sich zu entspannen, ohne zu wissen, wo Sie Ihre Anspannung lassen sollen, bleibt diese in irgendeinem Körperteil zurück. Wenn Sie versuchen, die Schultern zu entspannen, spannen Sie Ihren Bauch an. Wenn Sie versuchen, Ihren Bauch zu entspannen, verspannt sich ihr Kopf. Auf diese Weise ist ihr Körper immer irgendwo angespannt, es ist Ihnen nicht möglich, sich vollständig zu entspannen.

Es gibt eine alte Geschichte über einen Zaubertopf. Ein Händler wollte einen alten Topf verkaufen. Die Leute beschwerten sich, denn der Topf war sehr teuer. Der Händler antwortete: »Nein, er ist überhaupt nicht teuer — er ist nämlich ein Zaubertopf.« »Was kann man mit ihm zaubern?« »Legen Sie einfach alles, was Sie wollen, in den Topf hinein.« So warfen sie alles in den Topf, was sie gerade bei sich hatten, und alles verschwand. Es war tatsächlich ein Zaubertopf.

Solch ein Topf ist sehr nützlich, und jeder von uns besitzt mit seinem Einen Punkt im Unterbauch ein Exemplar davon. Das ist ein unendlich kleiner Punkt, in dem man alles verschwinden lassen kann. Wenn zum Beispiel jemand falsche Gerüchte über Sie verbreitet, brauchen Sie sich darüber nicht aufzuregen. Wenn Sie Ihren Ärger in den Zaubertopf werfen, brauchen Sie in der Erregung nichts zu tun, was Sie später vielleicht bedauern. Sie brauchen Ihren Ärger andererseits auch nicht zu unterdrücken, denn das würde nur bedeuten, daß er später herauskommt. Wenn Sie Ihren Ärger und die Reize und Enttäuschungen des Alltags in Ihrem Einen Punkt aufnehmen, können Sie sie ganz und gar wegwerfen und frei sein von solch bekümmerndem emotionalen Gepäck. Wenn Sie so leben, kann sogar ein Blitz neben Ihnen einschlagen, und das Geräusch und der Lichtstrahl werden Sie nicht erschrecken, sondern Sie können beides augenblicklich im Einen Punkt aufsaugen und vertilgen.

Wenn man versucht, den Einen Punkt im Alltag zu stärken, sollte man in der Lage sein, Geist und Körper ständig in einem entspannten Zustand halten. So wird man einen Geist entwicklen, der unbewegt bleibt, auch wenn die Welt ringsherum zusammenbricht, und einen Geist, der so weit ist wie der Ozean — der alles aufnehmen kann, ohne davon gestört zu werden.

Beispiel 1
Beide Hände werden nach unten gezogen

A steht aufrecht, während B und C A's Handgelenke mit beiden Händen fassen und versuchen, ihn nach unten zu ziehen. Wenn A seine Arme anspannt, wird dies gelingen (Abb. 11 a).

Dann entspannt A seine Arme vollkommen und denkt dabei, er absorbiere die Kraft der beiden in seinen Zaubertopf des Einen Punktes im Unterbauch. B und C können ihn nun nicht mehr nach unten ziehen, auch wenn sie es noch so sehr versuchen. A kann sogar mit seiner Hüfte nach unten gehen und wieder nach oben kommen, während B und C an seinen Armen hängen (Abb. 11 b).

Ungeachtet der Tatsache, daß die Kraft der beiden Partner tatsächlich auf Sie einwirkt, brauchen Sie diese nur in Ihrem Einen Punkt zu absorbieren.

Wenn Sie alle verdrießlichen und störenden Dinge dieser Welt im Einen Punkt verschwinden lassen, können Sie alle Schwierigkeiten des Lebens meistern.

Abb. 11 a

Abb. 11 b

Beispiel 2
Entspannung mit und ohne den Einen Punkt

A steht aufrecht, und B versucht, mit beiden Händen A's Hand nach oben zu drücken. Wenn A den Einen Punkt hält und sich entspannt, kann B das Handgelenk keinen Zentimeter bewegen. Das ist wahre Entspannung und ein Zustand der Stärke (Abb. 12 a).

Dann bleibt A entspannt, richtet aber sein Denken auf den Scheitel oder konzentriert sich auf die Stirn. B kann die Hand nun leicht nach oben drücken, und A verliert sein Gleichgewicht. Dies ist nur Pseudo-Entspannung und ein Zustand der Schwäche (Abb. 12 b).

Normalerweise glaubt man, Entspannung sei gleichbedeutend mit dem Verlust von Kraft und Stabilität. In einem Notfall, wenn man eigentlich ›alle Kräfte zusammennehmen‹ müßte, verhält man sich daher völlig falsch und verspannt seinen Körper. Wenn Ihnen jedoch klar wird, daß in der Entspannung die größtmögliche Stärke überhaupt liegt, werden Sie auch erkennen, wie wichtig diese Entspannung gerade in Notsituationen ist. Schon von altersher haben sich Menschen, die als große Persönlichkeiten hervorgetreten sind, in Notsituationen immer zu beherrschen und zu entspannen gewußt, denn sie wußten, daß wahre Entspannung Kraft verleiht. Dieses Wissen ist aber kein Privileg einzelner. Jeder, der will, kann es lernen.

Neuere medizinische Untersuchungen belegen, daß 80 % der modernen Krankheiten von nervösen Problemen herrühren. Streß, Reizzustände, Ärger und De-

Abb. 12 a

Abb. 12 b

pressionen bewirken, daß sich die Kapillargefäße zusammenziehen und die Lebenskraft geschwächt wird. So entstehen die verschiedensten Krankheiten. Wenn man jedoch den Einen Punkt hält und sich vollkommen entspannt, aktiviert man die Lebenskraft und hält so alle Krankheiten von sich ab. So kann man ein glückliches, gesundes Leben führen. ›Sich vollkommen entspannen‹ ist das zweite der Vier Grundprinzipien der Einheit von Geist und Körper.

4. Das Gewicht unten halten

Das Gewicht eines jeden Gegenstandes befindet sich natürlicherweise an seinem tiefsten Punkt. Da der menschliche Körper auch ein Gegenstand ist, sollte sich, wenn man sich vollkommen entspannt, das Gewicht jedes Körperteils auf ebenso natürliche Weise an seinem tiefsten Punkt bzw. der Unterseite befinden, wie das im Zustand der lebendigen Ruhe der Fall ist. Deshalb kann jemand, der sich vollkommen entspannt, immer ruhig bleiben. Dies ist das dritte der Vier Grundprinzipien.

Wenn wir den Einen Punkt halten, können wir uns entspannen. Wenn wir uns entspannen, ist das Gewicht jedes Teils unseres Körpers an seinem tiefsten Punkt. Das erste, zweite und dritte der Vier Grundprinzipien sind also nicht voneinander zu trennen.

Beispiel 1
Der schwere Arm

A streckt seinen rechten Arm gerade vor sich aus, und B versucht, diesen nach oben zu drücken. Er benutzt dabei nur eine Hand.

(1) Wenn A seinen Arm entspannt und an dessen Unterseite denkt (vgl. die verstärkte Linie in Abb. 13 a), kann B den Arm nicht ohne weiteres nach oben drükken.

(2) Denkt A jedoch an die Oberseite seines Armes (verstärkte Linie in Abb. 13 b), läßt sich der Arm leicht bewegen.

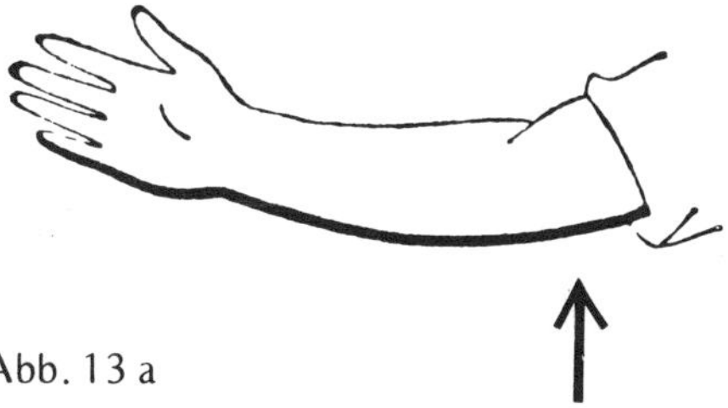

Abb. 13 a

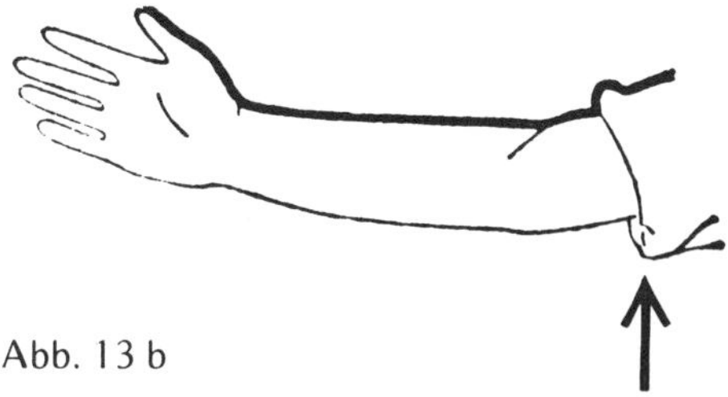

Abb. 13 b

Indem wir lediglich den Ort, auf den wir unser Denken konzentrieren, verändern, können wir unseren Arm leicht oder schwer machen. Dasselbe gilt für den Körper als Ganzes. Konzentrieren wir uns auf den Kopf, wird es leicht, den Körper hochzuheben.

Konzentrieren wir uns auf die unteren Partien des Körpers, wird er sehr schwer, und man kann ihn kaum noch hochheben.

In Hawaii wurde ich einmal gebeten, bei einem Medizinerkongreß die Ki-Prinzipien zu erklären und zu demonstrieren. Hinterher versammelte sich eine Anzahl von Ärzten um mich, und jemand sagte: »Man erzählt sich, daß Sie Ihren Pulsschlag willentlich verändern können. Der Puls wird jedoch vom autonomen Nervensystem kontrolliert. Es dürfte daher gar nicht möglich sein, daß Sie dies können. Erlauben Sie uns, daß wir Ihren Puls einmal messen?« Sie nahmen ihre Uhren und zählten meinen Puls. In der ersten Minute war er 91, beim zweiten Zählen 70 und beim dritten Mal 80. Die Ärzte bestätigten, daß sich der Puls tatsächlich geändert hatte und fragten mich, wie ich das gemacht hätte.

Das ist wirklich kein großes Problem. Jeder hat, wenn er sich ärgert oder überrascht ist, einen schnelleren Puls. Genauso hat jeder, wenn er ruhig ist oder morgens, wenn er aufwacht, einen langsameren Puls. Wenn wir ihn beschleunigen wollen, müssen wir uns also nur stark genug darauf konzentrieren, wütend zu sein, und er wird schneller. Wenn wir uns andererseits darauf konzentrieren, so ruhig wie beim morgendlichen Aufwachen zu sein, wird sich der Puls verlangsamen. Nachdem ich den Ärzten dies erklärt hatte, versuchten sie es sofort, jedoch konnte keiner von ihnen seinen Puls ändern.

Dann fragte mich einer: »Jetzt bin ich ruhig. Wie stelle ich es an, mich davon zu überzeugen, daß ich wütend bin?« Ich antwortete: »Üben Sie Ki, und erreichen Sie den Zustand, in dem Sie Ihren Geist frei gebrauchen können.« Gelächter, aber auch Zustimmung. Die Schwierigkeit besteht nämlich nicht darin, den Puls, sondern die geistige Haltung freien Willens zu ändern.

Es ist einfacher, einen langsamen Puls zu beschleunigen, als einen schnellen zu verlangsamen. Aber Sie sollten gerade bestrebt sein, ihn zu verlangsamen, denn wenn Sie das können, sind Sie in der Lage, über jeden Schreck oder Schock zu lachen.

Wenn Sie sich mit aller Macht darauf konzentrieren, Ihr Blut in den Kopf strömen zu lassen, wird sich Ihr Puls beschleunigen. Wenn Sie sich entspannen und intensiv denken, daß Ihr Blut in die unteren Körperpartien strömt, wird er sich verlangsamen. Alles ist nur von Ihrer Geisteshaltung abhängig.

Beispiel 2
Der unbewegliche Kopf

A sitzt auf den Fersen. B nimmt A's Kinn in die Hand und versucht, den Kopf hochzuheben (Abb. 14). Wenn sich das Gewicht an der Unterseite des Kinns befindet, ist dies nicht möglich.

Es ist auch nicht möglich, A's Hände von den Knien wegzunehmen oder ein Knie hochzuheben, denn das Gewicht der Knie ruht an ihrer Unterseite.

Wenn Ihr Geist ruhig ist, ist Ihr Körper natürlicherweise ebenfalls in diesem Zustand. Sie müssen lernen, daß eine natürliche Haltung nicht nur die richtigste, sondern auch die stärkste ist. Wenn man, obwohl Sie ruhig zu sein scheinen, Ihren Kopf, Ihre Hände und Ihre Knie hochhheben kann, sehen Sie nur ruhig aus, sind es aber nicht wirklich.

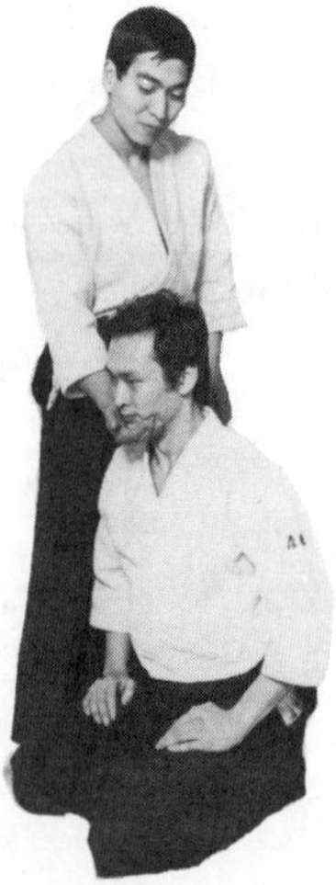

Abb. 14

Beispiel 3
Das Gewicht im tiefsten Teil des Armes

A stellt seinen rechten Fuß einen halben Schritt nach vorn und streckt den rechten Arm aus. B versucht, den Arm nach unten zu drücken, und A leistet entsprechenden Widerstand.
(1) Obwohl A's Arm angespannt ist, ist es B unmöglich, den Arm herunterzudrücken, solange sich das Gewicht des Arms an dessen Oberseite befindet (Abb. 15 a).

Abb. 15 a

(2) Anders ist es, wenn B seinen Arm vollkommen entspannt und sich darauf konzentriert, daß das Gewicht seines Armes unten ist. Nun wird dieses Gewicht den ganzen Arm erfüllen, der nun, wenn er ganz natürlich nach unten fällt, auch A's Arm leicht mitführen kann (Abb. 15 b). Dabei ist es gleichgültig, mit wieviel Kraft A seinen Arm anspannt oder wie sehr er versucht, Widerstand zu leisten. Das Wichtige dabei ist nur, das B das Gewicht seines Armes an dessen tiefster Stelle hält.

Im Aikidō in Einheit von Geist und Körper (Aikidō mit Ki) muß jede Bewegung, auch wenn man nur einen

Abb. 15 b

Arm nach unten bewegt, auf natürliche Weise, also mit dem Gewicht an der Unterseite, durchgeführt werden. Das bedeutet selbstverständlich ganz allgemein, daß überhaupt jede Handbewegung und jeder Schritt natürlich geschehen soll und die Gesetze des Universums erfüllen muß. Aus diesem Grund enthält alles, was wir im Aikidō tun, obwohl es für den Zuschauer unscheinbar und einfach aussieht, tatsächlich ungeheure Kraft.

Wenn Sie sich entspannen und das Gewicht Ihres Körpers an seinem tiefsten Punkt halten, beruhigt sich Ihr Geist auf ganz natürliche Weise. Es ist zwar unmöglich, überhaupt nichts zu denken. Solange Sie leben, arbeitet Ihr Gehirn, und Sie können die Hirnwellen nicht beseitigen. Sie können sie jedoch unendlich gegen Null halbieren und dadurch beruhigen. Dieses Beruhigen nennt man Konzentration. ›Nichts denken‹ bedeutet Konzentration oder Ruhe in diesem Sinne. Dieser Zustand des Geistes ist wie die Oberfläche klaren Wassers, die rein und ohne Irrtum alles und jede Erscheinungsform der Welt spiegelt. In dieser komplizierten modernen Zeit ist es durchaus sehr wertvoll zu lernen, wie man sich die Ruhe des Geistes erwirbt, die Richtiges von Falschem klar unterscheiden kann.

5. Ki fließen lassen

›Ki fließen lassen‹ ist das vierte der Vier Grundprinzipien der Einheit von Geist und Körper.

Unser Leben ist ein Teil des Ki des Universums. Genauso wie wenn wir ein wenig Meerwasser in unseren Händen halten umgeben wir einen Teil des Ki des Universums mit unserem Körper und sagen: »Das bin ich.« Wir leben — das bedeutet, daß sich das Ki unseres Körpers und das Ki des Universums in ständigem Austausch befinden. Wenn wir Ki weggeben, Ki fließen lassen, strömt frisches Ki in unbegrenzter Menge in unseren Körper, und der freie Austausch ist gewährleistet. Es ist etwas Natürliches, Ki abzugeben, solange man lebt. Ob wir nun den Einen Punkt halten, uns vollkommen entspannen oder Gewicht unten halten — allem ist gemeinsam, daß wir dabei Ki fließen lassen.

Üben Sie den ›unbeugbaren Arm‹. Die Vier Grundprinzipien können nicht voneinander getrennt werden. Wenn man eines von Ihnen erfüllt, erfüllt man ohne weiteres Zutun auch die drei anderen. Wenn man eines von ihnen verliert, so verliert man ebenso die drei anderen. Das erste und vierte Prinzip sind Prinzipien des Geistes. Das zweite und dritte sind solche des Körpers. Nur wenn die Prinzipien beider wie die Räder eines Wagens zusammenwirken, kann man den Zustand der Einheit von Geist und Körper im täglichen Leben verwirklichen.

Kapitel 6

Die Einheit von Geist und Körper im Alltag

Es ist ziemlich einfach, Geist und Körper in Einheit zu bringen, wenn man seinen Körper nicht bewegt. Die Schwierigkeit besteht darin, die Einheit auch dann zu bewahren, wenn man in Bewegung ist. Wenn Sie zehn oder zwanzig Jahre lang in der Einsamkeit der Berge üben und so die Einheit von Geist und Körper erreichen, sie aber wieder verlieren, sobald Sie in die Stadt zurückkehren, war alles sinnlos. Wir alle müssen arbeiten, um zu leben. Wir müssen so üben, daß wir die Einheit von Geist und Körper immer beibehalten können, gleichgültig, was wir tun.

Der Geist hat seine Regeln und ebenso der Körper. Die Ki-Übungen dienen zum einen dazu, nachprüfen zu können, ob alle Bewegungen den Vier Grundprinzipien der Einheit von Geist und Körper folgen, und zum anderen, Geist und Körper so zu üben, daß jede Tätigkeit auf natürliche Weise den Gesetzen des Universums folgt.

Beispiel 1
Der unbeugbare Arm

Wir haben bereits den ›unbeugbaren Arm‹ erklärt. A streckt wieder seinen rechten Arm aus, ohne sich aber diesmal darauf zu konzentrieren, daß seine geistige Kraft durch den Arm hindurch tausend Kilometer weit fließt. Wenn A lediglich den Einen Punkt im Unterbauch hält, kann B, so sehr er es auch versucht, den Arm nicht beugen. Mit anderen Worten: wenn Sie den Einen Punkt halten, strömt aus ihrem ganzen Körper Ki, auch wenn Sie nicht daran denken, daß dies geschieht. Wenn der Partner jedoch Ihren Arm beugen kann, so bedeutet dies, daß der Fluß Ihres Ki unterbrochen ist und Sie auch nicht mehr den Einen Punkt halten.

Im Alltag können wir nicht ständig an Ki denken, das aus unserem Körper tausend Kilometer weit strömt. Das ist auch nicht nötig, denn wenn wir den Einen Punkt halten, sind wir ständig in einem Zustand, in dem Ki fließt. Ist der Ki-Fluß unterbrochen, können wir den Einen Punkt nicht halten, auch wenn wir uns noch so sehr anstrengen. Mögen die Worte auch verschieden sein, ›Ki fließen lassen‹ und ›den Einen Punkt halten‹ sind eine untrennbare Einheit.

Ich unterrichte nur den Einen Punkt, und der ist immer ein und derselbe Eine Punkt. So beschäftigt Sie auch sein mögen, wenn Sie den Willen dazu haben, können Sie ihn im Alltag praktizieren. Und je beschäftigter man ist, umso mehr sollte man dies tun.

Beispiel 2
Am Handgelenk nach hinten drücken

A steht wie in Abb. 16, sein linker Arm ist mit gut gebeugtem Handgelenk nach vorn gestreckt. B drückt mit der rechten Hand an A's Handrücken zur Schulter.

Wenn A Widerstand leistet, kann B ihn entweder nach hinten drücken oder den Arm beugen. Spannt A seinen Arm an, ist es für B noch einfacher.

Da Sie den Arm in der gleichen Weise wie den ausgestreckten unbeugbaren Arm halten, sollten Sie so stabil sein, daß Ihr Partner Sie nicht bewegen kann, denn Sie stehen ja genauso wie in der Übung, wo er an Ihrer Schulter drückt, um den Einen Punkt zu testen.

Wenn Sie jedoch Ihren linken Arm hochheben, dringt die Vorstellung von ›aufwärts‹ in Ihren Geist ein, und das Gewicht Ihres Armes verlagert sich nach oben. Ohne es zu merken, spannen Sie den Arm an und verlieren die Konzentration im Einen Punkt. Und

Abb. 16

wenn Sie das Handgelenk beugen, ziehen Sie Ki zurück.

Im Aikidō in Einheit und Geist und Körper kommt es aber häufig vor, daß wir Ki fließen lassen müssen und doch gleichzeitig das Handgelenk beugen. Die Schulter besitzt Gelenke, damit sich die Arme bewegen können, daher sollten Bewegungen des Armes keine Wirkung auf den Einen Punkt haben. Wenn Sie den Einen Punkt halten und Ihren Arm lediglich hochheben, sollte das Gewicht dennoch unten bleiben und ständig Ki fließen. Wenn Sie also das Handgelenk beugen und Ihr Ki nicht zurückziehen, sondern beim Nach-vorn-Strecken des Handrückens Ki fließen lassen, kann der Partner Sie nicht bewegen.

Beispiel 3
Stehen auf einem Bein

Abb. 17

A steht wie zuvor mit ausgestrecktem linken Arm und hebt den linken Oberschenkel an (Abb. 17).

B drückt A's linke Hand zur Schulter. Wenn A Widerstand leistet, wird er nach hinten fallen;

manche fallen auch schon, wenn sie nur das Bein anheben, ohne daß jemand drückt.

Wenn die Vorstellung ›aufwärts‹ in Ihr Bewußtsein dringt, verlagert sich der Eine Punkt nach oben: Ihr Arm verspannt sich, und Sie verlieren das Gleichgewicht. Lassen Sie lediglich die Muskeln, die für Ihren Oberschenkel zuständig sind, das Hochheben besorgen. Die Tätigkeit darf nichts mit dem Einen Punkt zu tun haben. Wenn Sie den Einen Punkt halten, Ihren Arm vollkommen entspannen und dann den Oberschenkel hochheben, kann der Partner Sie nicht bewegen.

Wenn Sie alleine üben und alles so machen wie gerade beschrieben, können Sie auf einem Bein stehen, ohne zu wackeln.

Beispiel 4
Mit erhobenen Händen stehen

A steht aufrecht, setzt die Füße seitlich einen halben Schritt auseinander und hält beide Hände über den Kopf. B drückt sanft auf die Mitte von A's Brust (Abb. 18).

Wieder einmal neigt A dazu, nach hinten zu fallen. Dies wird geschehen, wenn sich, während er seine Hände hochhebt, auch der Eine Punkt nach oben bewegt.

Wenn jemand Sie mit einem Messer oder einer Pistole bedroht, können Sie sich schnell aus der Schußlinie

Abb. 18

herausbewegen und die Waffe des Angreifers an sich nehmen, wenn Sie beim Hochheben der Hände den Einen Punkt halten und so eine stabile Haltung bewahren, aus der heraus Sie Ihre Hüfte frei bewegen können. Die Gefahr liegt allein darin, zuzulassen, daß sich der Eine Punkt nach oben bewegt und Sie Ihre Hüfte dadurch nicht mehr frei bewegen können.

Im Aikidō in Einheit von Geist und Körper ist der Gebrauch der Hüfte außerordentlich wichtig, aber um sie frei und kraftvoll benutzen zu können, müssen Sie den Einen Punkt halten. Ob Sie Ihre Arme schwingen, nach oben oder nach unten bewegen, immer muß der Eine Punkt dabei stabil und unbewegt bleiben.

Selbst wenn Sie den Einen Punkt ansonsten fest im Griff haben, ist es bei all diesen Übungen möglich, daß sie ihn verlieren, wenn Sie Ihre Hände und Füße auch nur ein wenig bewegen und Sie nicht wirklich gut vorbereitet sind. Das ist wie auf dem Gipfel des Berges, wo Ihr Geist und Körper eine Einheit bilden mag, Sie diese Einheit aber verlieren, sobald Sie heruntersteigen und in die Stadt zurückkehren. Die Ursache dafür liegt in mangelndem Wissen darüber, wie man den Einen Punkt richtig hält. Wenn Sie dies jedoch ganz sorgfältig üben, können Sie die Einheit von Geist und Körper bewahren, was immer Sie auch tun.

Beispiel 5
Sich bücken

Bis jetzt stand A immer aufrecht und hielt dabei den Einen Punkt. Aber man muß sich auch bücken oder nach hinten beugen können, ohne ihn dabei zu verlieren.

Abb. 19

A beugt sich nach vorn, so als wolle er sich die Schuhe zuschnüren. B drückt von hinten an der Hüfte (Abb. 19).

(1) Wenn A seine Schultern anspannt und nicht den Einen Punkt hält, wird er sein Gleichgewicht verlieren.

(2) Wenn er dagegen beim Nach-vorn-Beugen den Einen Punkt hält und die Schultern nicht anspannt, wird er stabil bleiben, wenn B leicht drückt. Wenn er ihn heftig stößt, kann er aufstehen und weiterlaufen, ohne vornüber zu fallen.

Beispiel 6
Sich zurückbeugen

A stellt sein linkes Bein einen Schritt nach vorn und beugt seinen Oberkörper nach hinten. B drückt A's Schulter nach unten (Abb. 20).

(1) Wenn A die Schultergegend anspannt, kann B ihn leicht umwerfen.

(2) Dies wird ihm jedoch nicht gelingen, wenn A seine

Abb. 20

Schultern entspannt und den Einen Punkt hält.

In den Beispielen 5 und 6 ist es gleichgültig, ob A sich nach vorn oder nach hinten beugt. Solange er den Einen Punkt hält, fließt Ki durch seinen Körper und gibt ihm die Stärke und Widerstandskraft von geschmeidigem jungen Bambus. Wenn er aber die Schultern anspannt, verliert er den Einen Punkt, seine Stärke und Widerstandskraft verlassen ihn, und der Bambus zerbricht.

Beispiel 7
A lehnt auf B

B beugt seinen Oberkörper nach vorn. A legt beide Arme auf B's Rücken und stützt sich auf ihn (Abb. 21 a). Sobald genügend Gewicht auf seinem Rücken lastet, läßt B sich flach auf den Boden fallen. Falls A vornüber fällt, so beweist dies, daß er den Einen Punkt verloren hat. Verliert er ihn nicht, so ruht das Gewicht seines Körpers im Einen Punkt, und er kommt nicht ins Schwanken, obwohl sein Gewicht auf A's Rücken gelastet hat und seine Arme nach unten fallen (Abb. 21 b).

Wer an einer Wand lehnt und umfällt, wenn die Wand einstürzt, oder wer an einem Brückengeländer lehnt und ins Wasser fällt, weil das Geländer nachgibt, hält nicht den Einen Punkt. Wenn Sie sich auf etwas stützen, so verlassen Sie sich nicht ganz und gar darauf! Es ist unaufmerksam, Dingen derart zu vertrauen — Sie

Abb. 21 a

Abb. 21 b

müssen vielmehr immer den Einen Punkt halten. Das gilt auch für das menschliche Zusammenleben. Sie können sonst durch den Gegenstand, auf den Sie sich stützen oder von dem Menschen, auf den Sie sich verlassen, zu Fall gebracht werden.

In allen besprochenen Ki-Übungen haben wir gezeigt, daß Sie, völlig unabhängig von der Bewegung der Arme und Beine oder der Körperhaltung, immer den Einen Punkt halten können. Im Dōjō können wir zwar immer nur eine begrenzte Zeitlang üben, aber Sie können auch außerhalb immer und überall üben, den Einen Punkt zu halten, wenn Sie sich einmal dazu entschlossen haben.

Wenn Sie täglich üben, kommen Sie allmählich dahin, daß das Halten des Einen Punktes für Sie selbstverständlich wird und Sie sich schlecht fühlen, wenn Sie ihn verloren haben. Wenn Sie so weit sind, lassen Sie aus dem ganzen Körper ständig Ki fließen, Sie sind gesund, und Unachtsamkeiten verschwinden aus Ihrem Alltag.

Da einige Menschen anders darüber denken oder mich mißverstehen, möchte ich die Gelegenheit wahrnehmen und ausführlicher erklären, was ich meine. Manchmal fragt jemand: »Wenn ich meine ganze Zeit dazu benutze, daran zu denken, den Einen Punkt zu halten, ist es dann nicht so, daß ich an nichts anderes mehr denken und nichts anderes mehr tun kann?«

Die Frage erscheint berechtigt, jedoch ist es so, daß den Einen Punkt zu halten und permanent an ihn denken, nicht dasselbe ist. Der Eine Punkt im Unterbauch ist kein greifbarer Punkt, sondern ein Punkt, der unendlich klein wird. Wenn er zu klein wird, um noch wahrnehmbar zu sein, so halten Sie die Bewegung nicht an. Lassen Sie die Vorstellung des Kleinerwerdens los, und er wird von selbst immer noch kleiner werden. Wenn Sie einmal den Einen Punkt halten können, so können Sie dies auch, ohne an ihn zu denken, solange Sie nur eine richtige Körperhaltung haben.

Das Gewicht aller Dinge befindet sich von sich aus in deren tiefstem Teil, und dieser Eine Punkt ist der naturgegebene Ort, in dem das Gewicht des Oberkörpers ruhen sollte. Weil die Tätigkeit des Geistes diese Ordnung stören kann, beginnen wir damit, daß Sie Ihren Geist in diesem Punkt konzentrieren und Ihr Gewicht dort ruhen lassen zu sollen. So können Sie die Einheit von Geist und Körper erreichen.

Wenn Sie einmal so weit sind, so machen Sie sich bewußt, wie Sie sich dabei fühlen. Sie sollten in einer vollkommen natürlichen und ungezwungenen Verfassung sein. Wenn Sie dieses Gefühl einmal verstanden haben, können Sie alles in diesem Zustand tun oder denken. Wenn Sie aber zwischendurch unruhig werden und dies erkennen, sollten Sie denken: »Es ist an der Zeit, wieder den Einen Punkt zu halten« und in den richtigen Zustand zurückkehren.

Wenn Sie wütend oder überrascht sind, haben Sie den Einen Punkt verloren. Das ist auch dann oft der Fall, wenn Sie müde oder Ihre Schultern steif sind. All diese Situationen zeigen: es ist an der Zeit, wieder zum Einen Punkt zurückzufinden.

Anfangs haben Sie vielleicht das Gefühl, daß Sie zwar den Einen Punkt halten, ihn aber genauso schnell wieder verlieren können. Es mag sein, daß ein ganzer Tag verstreicht, ohne daß Sie auch nur ein einziges Mal daran denken, aber wenn Sie fleißig üben, wird sich der Zeitraum, über den Sie den Einen Punkt halten können, verlängern, und Sie werden lernen zu erkennen, in welchem Moment Sie ihn verlieren. Wenn Sie sich vor einem wichtigen Ereignis Sorgen machen, werden Sie möglicherweise vollkommen versagen. Erkennen Sie dagegen bei einer solchen Gelegenheit die Bedeutung der Lage und sagen sich: »Jetzt muß ich den Einen Punkt halten«, so behalten Sie einen klaren Kopf. Und bald werden Sie es gar nicht mehr bemerken, daß Sie den Einen Punkt halten.

Ein 70jähriger Mann in Hawaii, der Aikidō in Einheit von Geist und Körper lernte, pflegte beim Autofahren zu üben, den Einen Punkt zu halten. (Natürlich ist es keine gute Idee, auf einer langen Fahrt nur daran zu denken.) Dieser Mann konzentrierte unbewußt Ki im Einen Punkt, als sich ein Unfall ereignete. Er fuhr auf einer Straße in den Bergen, als plötzlich ein Lkw in einer Kurve auftauchte. Es regnete, sein Wagen kam ins Schleudern, und die beiden Fahrzeuge stießen frontal zusammen. Das Vorderteil des Wagens des alten Mannes war zusammengedrückt. Normalerweise hätte das Steuerrad seine Brust zerquetscht, aber er war gänzlich unverletzt. Bei genauerem Hinschauen bemerkte er, daß das Lenkrad zerbrochen war. Im Moment des Zusammenstoßes hatte er es mit seinen eigenen Händen zerbrochen, obwohl er nicht wußte, warum oder wie.

Ganz unbewußt ließ er Ki fließen, und sein Arme wurden unbeugbar, denn er hielt den Einen Punkt. Die Wucht des Zusammenstoßes, die auf seinen Körper gerichtet war, wurde auf das Lenkrad umgeleitet. Der Mann war glücklich, sagen zu können, daß er die Kraft von Ki in einem Moment der Gefahr erleben durfte.

Die Stärke von Ki ist außerordentlich, wenn Geist und Körper in Einheit sind. Wenn Sie immer den Einen Punkt halten, können Sie davon ausgehen, diese Stärke zu jeder Zeit zur Verfügung zu haben. Wenn Sie den Einen Punkt gelegentlich in Ihrem Alltag üben, können Sie jederzeit die Kraft aus der Einheit von Geist und Körper, die schon immer in Ihnen steckt, für sich nutzbar machen und leicht und kraftvoll die Wellen dieses Lebens durchfahren.

Beispiel 8
Die Ruderübung

A stellt sein linkes Bein einen halben Schritt nach vorn und hält die im Handgelenk gut gebeugten Hände etwa in Hüfthöhe. Auf das erste Zeichen stößt er beide Hände nach vorn, dabei bleiben die Handgelenke gebeugt und die Finger öffnen sich. Gleichzeitig bewegen sich sein Oberkörper und seine Hüfte nach vorn, wobei das linke Knie etwas gebeugt und das hintere Bein leicht gestreckt wird (Abb. 22 a).

Beim zweiten Zeichen macht er eine Faust, als hätte

er etwas gefaßt, und bewegt gleichzeitig Oberkörper und Hüfte zurück; beide Fäuste kommen neben die Hüfte zur Ruhe (Abb. 22 b). Dabei wird das rechte Knie etwas gebeugt und das linke Knie gestreckt. Diese sogenannte ›Ruderübung‹ sollte sehr oft wiederholt werden.

Wenn A sich in der Position wie in Abb. 22 a befindet, stellt sich B vor A und drückt dessen Arme zur Schulter hin. Als weitere Möglichkeit kann er auch von hinten an A's Knien, Rücken oder am Kopf drükken. Wenn A's Oberkörper nach vorn gebeugt oder seine Arme angespannt sind, verliert er beim Test den Einen Punkt und steht nicht stabil.

Befindet sich sein Oberkörper in der richtigen Hal-

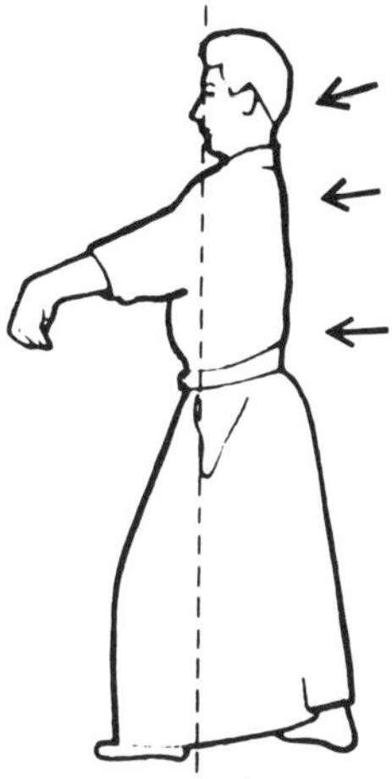

Abb. 22 a

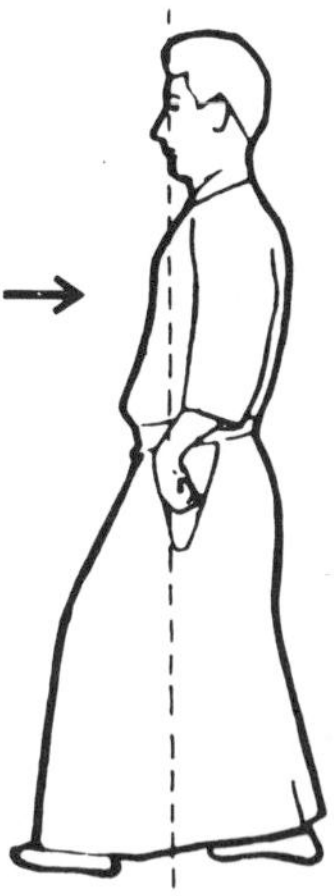

Abb. 22 b

tung (vgl. die gestrichelte Linie in Abb. 22 a) und hält er den Einen Punkt, kann B drücken, wo er will — A wird sich nicht bewegen.

Auch in der Haltung wie in Abb. 22 b muß A seinen Oberkörper so halten, wie durch die gestrichelte Linie angedeutet, und den Einen Punkt im Unterbauch halten. Wenn B nun versucht, seine Handgelenke hochzuheben, kann er ihn nicht bewegen, denn er hält das Gewicht seines Oberkörpers unten. Diese Bewegung, bei der Sie Ihren Oberkörper nach hinten und vorn bewegen und dabei Ihre Arme ausstrecken und zurückziehen, ist eine gute Übung, den Einen Punkt zu halten, während andere Teile des Körpers sich bewegen.

B kann in jeder Phase dieser Bewegung geeignete Tests bezüglich A's Stabilität machen. Wenn A in der richtigen Weise den Einen Punkt hält, kann er ihn nicht bewegen.

Wenn Sie Ihre Arme strecken, sollte viel Ki durch sie fließen. Andernfalls verlieren Sie den Einen Punkt und kommen aus dem Gleichgewicht, wenn man Sie testet. Testen Sie jedoch korrekt. Diese Übung dient nicht der Stabilität der Arme, sondern der des Einen Punktes. Sie entwickeln mit ihr die Fähigkeit, Ki fließen zu lassen, und Sie kräftigen damit auch ganz wesentlich Ihre Hüfte.

Bewegen Sie Ihre Beine immer natürlich, und spannen Sie sie niemals an. Wenn Sie versuchen, Ihr Bestes zu geben und sich dabei anspannen, werden Sie schwächer. Beachten Sie diesen Punkt also ganz besonders.

Beispiel 9
Drücken von hinten

A stellt sein linkes Bein einen halben Schritt nach vorn und steht wie in Abb. 22 a. B drückt an A's Hüfte nach unten.

(1) Wenn A seine Beine anspannt (Abb. 23 a), kann B seine Stabilität brechen und ihn nach unten drükken.

(2) Steht A jedoch bequem und mit entspannten Beinen und hält den Einen Punkt, kann B ihn nicht im mindesten bewegen (Abb. 23 b).

Auch diese Übung beweist: wenn Sie entspannt sind, sind Sie wesentlich stärker.

Abb. 23 a

Abb. 23 b

Beispiel 10
Arme schwingen

A stellt seinen linken Fuß einen halben Schritt nach vorn, läßt beide Arme seitlich hängen und formt die Hände locker zu Fäusten (Abb. 24 b).
(1) Auf das erste Zeichen des Übungsleiters hin öffnet er die Hände und schwingt die Arme nach oben bis in Augenhöhe (Abb. 24 a).
(2) Beim zweiten Zeichen bewegt er die Unterseite (Kleinfingerseite) der Hand nach unten, so als wolle er auf etwas schlagen. Dabei schließt er die Hände wieder zu Fäusten und führt die Arme in die Ausgangsstellung zurück (Abb. 24 b).

Abb. 24 a

Abb. 24 b

Wie in der vorangegangenen Übung testet B währenddessen A's Stabilität. A muß ständig den Einen Punkt halten und seinen Oberkörper aufrecht lassen. Obwohl es auf den ersten Blick scheinen mag, als sei die Übung mit angespannten Armen kraftvoller, ist doch das Gegenteil wahr. Wenn wir uns anspannen, kann uns der Partner ganz leicht bewegen, wohin er will.

Lassen Sie das Gewicht des Oberkörpers immer im Einen Punkt ruhen, und halten Sie die Mittellinie des Oberkörpers aufrecht. Gehen Sie von dieser Linie aus, benutzen Sie das Schultergelenk als Drehpunkt und die Länge der Arme als Radius, und bewegen Sie Ihre Arme so, als wollten Sie mit den Fingerspitzen einen Viertelkreis beschreiben. Wenn Sie während der Schwingung den Radius verlängern oder verkürzen, so verlassen Sie die Kreisbahn. Da stets Ki durch Ihre Fingerspitzen fließt, erzeugen Sie eine starke Zentrifugalkraft, wenn Sie die Arme immer gestreckt lassen.

Dieses Schwingen der Arme ist eine so natürliche Bewegung, daß Sie zunächst denken mögen, besonders kraftvoll könne sie wohl kaum sein, aber dennoch ist es so. Da Sie Ihre Arme nicht anspannen, ist ihr Gewicht immer unten. Die Abwärtsbewegung der Arme ist dabei außerordentlich kraftvoll, wie wir es schon in einer früheren Übung (vgl. Abb. 15 b) gesehen haben. Da Ihre gestreckten Arme zudem unbeugbar sind, widerstehen sie auch jedem Versuch, sie zu beugen.

Dieses Armschwingen ist zwar äußerst angenehm, aber nicht leicht zu beherrschen. Die folgenden Anweisungen sollen dabei ein wenig Hilfestellung geben.

(1) Stehen Sie natürlich, und halten Sie die Mittellinie Ihres Oberkörpers aufrecht.
(2) Öffnen Sie zunächst Ihre linke Hand, entspannen Sie den Arm, und seien Sie vollkommen ungezwungen. Schwingen Sie den Arm ruhig und natürlich nach vorn und hinten, ohne dabei die Schulter zu bewegen.
(3) Vergrößern Sie allmählich die Länge des Bogens, den Ihr Arm beschreibt, bis die Finger die Höhe der Augen erreichen. Da sich auch bei der Abwärtsbewegung Ihre Schulter nicht bewegen darf, bringen Sie die Hand an der Hüfte zum Stillstand, und bewegen Sie sie nicht weiter nach hinten.
(4) Wenn Sie das Gefühl haben, daß sich Ihr linker Arm mit der Zentrifugalkraft bewegt, schwingen Sie ihn zusammen mit Ihrem rechten Arm.
(5) Behalten Sie die aufrechte Mittellinie Ihres Körpers bei, und schwingen Sie Arme und Hüfte jeweils gleichzeitig nach vorn bzw. nach hinten.

Diese Details sollten Ihnen helfen, diese Übung bald zu beherrschen. Im Aikidō in Einheit von Geist und Körper ist sie besonders wichtig, und Sie sollten sie sorgfältig und oft üben, da währenddessen ständig Ki durch die Arme fließt.

Beispiel 11
Richtungswechsel

Nach (1) und (2) aus Beispiel 10 dreht sich A mit einer raschen Hüftbewegung nach rechts um, wobei

Abb. 25 a

Abb. 25 b

Abb. 25 c

Abb. 25 d

seine Füße am selben Platz bleiben. Dann erwartet er das nächste Zeichen (Abb. 25 c). Auf das Zeichen ›drei‹ macht er die gleiche Bewegung wie auf ›eins‹ (Abb. 25 d), und auf ›vier‹ führt er die Hände wieder nach unten und dreht sich nach links, um wieder die Ausgangsstellung (Abb. 25 b) einzunehmen. Beim Wechseln der Richtung müssen die geschlossenen Fäuste seitlich an der Hüfte bleiben.

Sie machen also das gleiche wie in Übung 10, nur wechseln Sie bei gleicher Fußposition die Richtung und schwingen nun wie zuvor Ihre Arme nach vorn und nach hinten in die neue Richtung. Man wiederholt diese Übung mehrmals auf die Zeichen ›eins‹ bis ›vier‹, wobei B den Rhythmus vorgibt und gelegentlich in den Stellungen, wie sie in Abb. 25 a und 25 d zu sehen sind, A's Hüfte nach vorn zu drücken versucht.

Wahrscheinlich wird A beim ersten Teil der Übung stabil bleiben (Abb. 25 a), aber wenn er die Richtung gewechselt hat und die Übung wiederholt, wird er möglicherweise das Gleichgewicht verlieren.

Dies passiert, weil er zunächst in die aus Beispiel 10 ›gewohnte‹ Richtung schaut und den Einen Punkt hält (Abb. 25 a). Nach der Drehung jedoch bewegt er nicht sein ganzes Ki mit in die neue Richtung, sondern ein Teil davon bleibt weiterhin in der ursprünglichen Richtung. Dadurch sind Geist und Körper nicht mehr in Einheit, er verliert den Einen Punkt und stolpert, wenn B von hinten drückt. Wenn er aber nach der Drehung weiterhin sein gesamtes Ki nach vorn fließen läßt wie zuvor, bleibt er stabil.

Wie wir schon sagten, sind das Fließenlassen von Ki und das Halten des Einen Punktes untrennbar miteinander verbunden. Wenn Sie es versäumen, Ki ständig in die Richtung, in die Sie schauen, fließen zu lassen, verlieren Sie auch den Einen Punkt.

Diese Übung ist sowohl dafür gedacht, die Fähigkeit zu geistigem Richtungswechsel auszubilden, als auch die Entwicklung des Einen Punktes zu fördern. Wir dürfen unserem Geist nicht erlauben, träge zu sein. Wir müssen uns so üben, daß wir ihn immer in die Richtung lenken können, in die wir ihn lenken wollen.

Setzen wir für die Stärke unseres Geistes den Wert 10. Steht man A gegenüber, benutzt man zunächst seine ganze geistige Kraft oder 10. Wendet man sich dann B zu, verbleibt aber geistig zur Hälfte noch bei A, reduziert sich die zur Verfügung stehende Kraft auf 5. Macht man so weiter, während man sich wieder anderen Dingen oder Personen zuwendet, wird sie schnell auf Null sinken.

In der heutigen geschäftigen Welt hieße das, daß wir allem mit der Stärke 0 gegenüberstehen würden. Wenn wir aber den geistigen Richtungswechsel üben, um augenblicklich unsere ganze Aufmerksamkeit von einer Richtung in eine andere zu lenken, haben wir immer die Stärke 10 zur Verfügung, gleichgültig, was auf uns zukommt. Unabhängig davon, wie beschäftigt wir sind, können wir uns darin üben, unsere Aufgaben eine um die andere rasch und bestmöglich zu erledigen. Nur dann können wir einen Punkt erreichen, an dem wir das Maximum unserer Fähigkeiten verwirklichen.

Es ist einfach, den Geist Dingen zuzuwenden, die man gerne tut, aber schwierig, ihn auf Dinge, die wir weniger gerne tun, zu richten. Die Übung des Einen Punktes wird Ihnen jedoch helfen, Ihren ganzen Geist auch unangenehmen Aufgaben zuzuwenden.

Kapitel 7

Ki-Atmung

Schon lange gibt es verschiedene Methoden, die die Einheit oder Sammlung des Geistes zum Ziel haben. Einheit bedeutet Stärke. Genau wie wir eine große Menge Energie sammeln, wenn wir Lichtstrahlen in einem einzigen Punkt bündeln, entsteht entsprechend große Energie, wenn wir unseren Geist konzentrieren.

Früher sagte man: »Du kannst alles, was Du willst.« Menschen, die bedeutende Aufgaben vollbringen, sind immer solche, die durch ihre Fähigkeit zu geistiger Konzentration hervorstechen. An Gott glauben und aus ganzem Herzen zu beten, ist sicher ein Weg, den Geist zu sammeln. Es gibt in der Geschichte viele über jeden Zweifel erhabene Beispiele von Menschen, deren tiefer religiöser Glaube ihnen große Kraft gab. Ruhig und mit geschlossenen Augen zu sitzen, wie wir es beim Zazen oder im Yoga tun, ist gleichfalls ein ausgezeichneter Weg, den Geist zu sammeln. Ein Wissenschaftler, der in seiner Arbeit vollständig aufgeht, und ein Bauer, der sich seiner Arbeit ganz und gar hingibt, sind Beispiele von Menschen, die ihren Geist gesammelt haben.

Jedoch viele Menschen auf dieser Welt können ihren Geist nicht auf eine Aufgabe konzentrieren. Bei anderen ist die Gabe der Konzentration zu schwach ausgebildet, mögen sie auch zeitweise dazu in der Lage sein.

Wie nicht anders zu erwarten, erfordert auch die Fähigkeit, sich zu konzentrieren, Übung.

An dieser Stelle möchte ich daher die Ki-Atmung als einen Weg geistiger Sammlung, die jeder täglich und überall üben kann, vorstellen.

Es gibt unzählige Atemtechniken. Bei einigen atmen Sie durch die Nase ein und durch den Mund aus, bei anderen durch den Mund ein und durch die Nase aus. Wieder andere kombinieren Atemübung und Bewegung. Eine dieser Übungen ist in Japan schon seit langem bekannt: die *misogi*-Atmung. Diese habe ich durch die Anwendung der Ki-Prinzipien zur Ki-Atmung weiterentwickelt. Sie ist nicht nur die Methode, die Anfänger am schnellsten erlernen können, sondern auch die wirksamste.

Die erste Methode

(1) Sie sitzen aufrecht auf den Fersen, die großen Zehen sind gekreuzt und die Knie etwa zwei Fäuste weit auseinander. Beide Hände ruhen sanft auf den Oberschenkeln.

Anfangs werden Ihre Beine bei dieser Sitzweise wahrscheinlich müde werden, aber mit der Übung gewöhnen Sie sich an diese Haltung, und die Kraft ihrer Hüfte wird sich dadurch enorm steigern. Diese Haltung ist für die Ki-Atmung zwar die weitaus beste, aber wenn Sie absolut nicht so sitzen können, geht es auch auf einem Stuhl.

Halten Sie Ihren Oberkörper aufrecht, und strecken Sie Ihre Rückenmuskeln. Das Gewicht Ihres Körpers sollte im Einen Punkt ruhen (Abb. 26 a).

Entspannen Sie Ihre Schultern, sitzen Sie bequem und ungezwungen. Halten Sie Ihre Augen von Anfang bis zum Ende der Übung geschlossen.

(2) Öffnen Sie den Mund und erzeugen Sie den Laut ›Hah‹. Atmen Sie währenddessen lange und ruhig aus. Lassen Sie ohne Unterbrechung so viel Atem in Richtung des Pfeiles (Abb. 26 b) fließen, wie sie können. Den leisen Laut ›Hah‹ sollen Sie deshalb erzeugen, damit Sie selbst feststellen können, ob Ihr Atem eventuell zwischendurch anhält, und weil Sie anhand des Geräusches sagen können, ob Sie ruhig ausatmen oder nicht. Das Geräusch muß deutlich und lang anhaltend

Abb. 26 a

sein. Normalerweise dauert diese Ausatmung 30 Sekunden, aber sollte Ihnen dies zu Anfang noch schwerfallen, sind auch 20 Sekunden ausreichend. Mit etwas Übung können Sie bald länger ausatmen.

(3) Wenn Sie denken, daß Sie genug ausgeatmet haben, beugen Sie Ihren Oberkörper leicht nach vorn und drücken so einen letzten Atem heraus. Selbst wenn Sie der Meinung waren, schon so viel ausgeatmet zu haben wie möglich, ist normalerweise doch immer noch ein wenig Luft vorhanden. Um sicherzugehen, daß keine Atemluft zurückgeblieben ist, sollten Sie besonderen Wert darauf legen, auch noch diesen letzten Rest auszuatmen, und zwar in die Richtung, wie es der Pfeil in Abb. 26 c andeutet.

Obwohl Sie vollständig ausgeatmet haben, dürfen Sie den Einen Punkt im Unterbauch nicht verlieren, denn sonst wird die folgende Einatmung Schwierigkeiten bereiten.

(4) Nun warten Sie eine oder zwei Sekunden, schließen den Mund und atmen wieder durch die Nase ein. Die durch die Nasenhöhle strömende Luft läßt wiederum ein leises Geräusch entstehen. Dabei bleiben Sie in der leicht gebeugten Haltung.

Wenn Sie unmittelbar in die Lungen einatmen, bleibt die Einatmung unvollständig. Atmen Sie ruhig und in Richtung des Pfeiles in Abb. 26 d ein. Die Einatmung dauert von Anfang bis Ende ungefähr 25 Sekunden. Wenn Sie glauben, daß Sie eingeatmet haben, so viel Sie können, atmen Sie abschließend noch ein klein wenig mehr ein.

Abb. 26 b

Abb. 26 c

Abb. 26 d

Abb. 26 e

(5) Durch die Einatmung in Richtung des Pfeils bewegen Sie sich von selbst leicht nach oben. Nun kehren Sie in die Ausgangsposition zurück, damit Ihr Gewicht weiterhin im Einen Punkt im Unterbauch ruhen kann (Abb. 26 e). Wenn Sie den Einen Punkt nicht halten können, wird es für Sie zu anstrengend sein, den Atem 10 Sekunden lang anzuhalten, und die folgende Ausatmung wird gestört. Wenn Sie aber den Einen Punkt halten, können Sie sich vollkommen entspannen. Dann können Sie Ihren Atem auch anhalten — wenn Sie wollen, sogar 30 Sekunden lang.
(6) Konzentrieren Sie Ihren Atem im Einen Punkt im Unterbauch. Nach 10 Sekunden richten Sie sich leicht auf, öffnen den Mund und beginnen wieder langsam auszuatmen.

Wiederholen Sie diese Atemübung beliebig oft. Eine Ein- und Ausatmung sollte zusammen länger als eine Minute dauern, Anfänger können sich zunächst auch nur 40 Sekunden zum Ziel setzen.

Bei manchen Atemmethoden heißt es, man solle nicht vollständig, sondern nur zu 85 % einatmen oder man soll nach der Einatmung erst ein wenig ausatmen und erst dann die Luft anhalten, aber beiden Methoden mangelt es an der Kenntnis des Einen Punkts im Unterbauch. Hinter beiden Gedanken steht die Annahme, es sei schmerzhaft, die Luft bei vollständiger Einatmung anzuhalten. Wir können jedoch leicht lernen, auf nicht schmerzhafte Weise vollständig einzuatmen und die gesamte Atemluft im Einen Punkt zu konzentrieren. Wird der Atemfluß unterbrochen oder ist er unruhig, hat man deutliche Anzeichen dafür, daß man den Einen Punkt verloren hat. Hält man den Einen Punkt, dann ist sowohl das Ein- als auch Ausatmen in langen, ruhigen und gleichmäßigen Atemzügen möglich.

Das Erzeugen der beschriebenen Laute ist für Anfänger der beste Weg, alleine zu üben, denn dadurch kann er einen Fehler in der Atemtechnik unmittelbar erkennen. Denken Sie während dieser Atemübung daran, daß sie nicht nur eine Frage des Ein- und Ausatmens ist. Üben Sie sie als Weg tiefer geistiger Konzentration.

Atmen Sie so aus, daß Ihr Atem bis in den Himmel aufsteigt; atmen Sie ein, bis der Atem Ihren ganzen Körper füllt. Mit anderen Worten, atmen Sie so aus, daß Sie fühlen, wie Ihr Atem nicht vor Ihren Augen versickert, sondern den Horizont des Himmels erreicht. Dies nennen wir *ki-o-dashite haku* — beim Ausatmen Ki fließen lassen.

Auf diese Weise hat Ihre Atmung Kraft, obwohl sie ganz ruhig ist. Bei der Einatmung nehmen wir das Ki des Universums ganz und gar in uns auf und konzentrieren es im Einen Punkt im Unterbauch. Wir haben mit anderen Worten das Gefühl, als nähmen wir das Universum selbst in unseren Bauch auf. Haben wir unsere ganze Luft ausgeatmet, so haben wir alles in die Hände des Universums gegeben. Haben wir vollständig eingeatmet, sind wir eins mit dem Universum.

Anfangs ist Ihnen die Übung vielleicht unbequem, vielleicht ist Ihre Atmung unruhig und neigt dazu, auf halbem Weg anzuhalten. Aber wenn Sie zehn oder zwanzig Minuten lang weitermachen, wird Ihr Geist ruhig und das Atmen angenehm. Wenn Sie kontinuierlich weiterüben, sind Sie bald so weit, daß Ihre Atmung von Anfang an lang, ruhig und angenehm ist, wann immer Sie sich entschließen, die Übung zu machen. Dann haben Sie Ihren Körper vergessen und sind in eine Welt gelangt, in der es nichts gibt als das Atmen. Sie haben das Gefühl, als sei es das Universum und nicht Sie, der da atmet. Schließlich kommen Sie dahin, sich selbst als Teil des Universums zu verstehen.

Sie werden die Auswirkungen der Atemübung nicht über Nacht erkennen — es erfordert Disziplin, in ihre Welt einzutreten.

Wenn Sie Ihre Atemübung einmal in der richtigen *seiza*-Haltung auf den Fersen machen können, so können Sie sie überall und zu jeder Zeit üben, im Stehen, Sitzen, Laufen und Liegen. Wenn Sie beim Laufen üben, so beruhigen Sie Ihren Geist durch die Konzentration auf den Einen Punkt im Unterbauch. Laufen Sie sanft, und erschüttern Sie den Einen Punkt nicht. Verkürzen Sie die Zeit zum Ein- und Ausatmen ein wenig, und verlängern Sie die Zeit, in der Sie den Atem im Einen Punkt im Unterbauch halten, dann können Sie recht angenehm üben. Dies ist eine außerordentlich wirksame Methode, den Geist auch beim Laufen ruhig zu halten.

Für die Atemübung im Liegen legen Sie sich mit ausgestreckten Beinen flach auf den Rücken. Da es im Liegen schwierig ist, die eingeatmete Luft in die Richtung zum Hinterkopf strömen zu lassen, atmen Sie lediglich so viel ein wie ohne größere Anstrengung möglich, und sammeln Sie die Luft im Einen Punkt im Unterbauch. Auch hierbei verkürzen Sie die Zeit der Ein- und Ausatmung, und verlängern Sie die Zeit, während der Sie den Atem im Einen Punkt im Unterbauch halten. Diese Methode ist besonders nützlich für Kranke.

Auch beim Autofahren oder während Sie auf etwas warten, können Sie die Atemübung machen. Unter Leuten ist es möglicherweise peinlich, mit offenem Mund beim Atmen ein Geräusch zu machen. Folgen Sie in diesem Fall den gleichen allgemeinen Anweisungen, atmen aber durch die Nase ein und aus.

Wenn Sie 10 Minuten lang die Ki-Atmung praktizieren, erwerben Sie die Kraft aus 10 Minuten, durch eine Stunde Ki-Atmung erwerben Sie die Kraft aus einer Stunde. Nutzen Sie auch kurze Zeiten dafür, vergeuden Sie sie nicht — zusammen ergeben auch sie viel Kraft. Vergessen Sie aber andererseits nicht: Wenn man die ganze Zeit praktiziert, kann das leicht dazu führen, daß man überhaupt nicht praktiziert. Dinge gehen so schnell verloren, wie man sie erwirbt.

Am besten macht man es sich zur Gewohnheit, die Atemübung etwa 15 Minuten lang unmittelbar vor dem Schlafengehen und auch gleich nach dem Aufstehen am Morgen zu praktizieren. Sie können sicher sein, stärker und gesünder zu werden, wenn Sie zugunsten der Atemübung 15 Minuten Schlaf opfern. Auch nach anstrengender geistiger oder anderer Arbeit werden Sie feststellen, daß Sie sich viel besser fühlen, wenn Sie zur Erholung 15 oder 20 Minuten die Ki-Atmung anstelle eines Spaziergangs machen.

Wenn Sie angesichts eines wichtigen Ereignisses aufgeregt sind und unfähig, auch nur einen klaren Gedanken zu fassen, so praktizieren Sie entschlossen diese Atmung. Bald werden Sie wieder Mut schöpfen und neue Entschlüsse fassen können.

Viele empfinden es als angenehm, in einer Gruppe zusammenzukommen und gemeinsam zu üben. Ein Mensch mit unausgeglichenem Temperament neigt dazu, seine Übung auf halbem Weg aufzugeben; aber wenn eine Gruppe ihn mitzieht, kann er erfolgreich weitermachen.

In einer solchen Gruppe ist es natürlich notwendig, einen Leiter zu bestimmen, dessen Anweisungen jeder zu folgen hat. Dieser sollte Schlaghölzer haben, um die Zeichen zu geben. Beim ersten Schlag atmen alle gemeinsam aus. Beim zweiten beginnen alle, gemeinsam einzuatmen. Beim nächsten wieder atmen alle aus. Üben Sie ungefähr eine Stunde lang so. Schnappen Sie zwischen den Zeichen der Hölzer nicht nach Luft. Auch wenn es unangenehm für Sie sein mag, halten Sie aus, und folgen Sie den Anweisungen des Leiters. So können Sie die richtige Atmung meistern, nicht aber wenn Sie mogeln. Wenn die Atmung für Sie unangenehm ist, weil Sie irgendwo einen Fehler machen, so ist es besser, sich die Mühe zu machen, den Fehler herauszufinden, anstatt zu schummeln.

Der Leiter selbst darf sich andererseits, auch wenn er selbst lange und gleichmäßig atmen kann, nicht zum Maßstab machen. Vielmehr sollte er in diesem Fall seine Atmung kontrollieren, sie kraftvoller und kürzer machen, damit neue Mitglieder der Gruppe ebenfalls mitkommen können.

Man kann wohl eine Zeitlang leben, ohne zu essen, aber wenn die Atmung auch nur für kurze Zeit aussetzt, ist alles aus. Zwar atmen wir unbewußt, aber es ist von erheblicher Bedeutung für den Geist wie auch das Wohlergehen des Körpers, ob wir richtig atmen oder nicht. Ein gesunder Mensch atmet in langen, kräftigen Atemzügen, ein kranker in kurzen und schwachen. Ein geistig stabiler Mensch atmet ruhig und regelmäßig, ein nervöser unregelmäßig und ruckhaft. Durch die Kontrolle unserer Atmung können wir jederzeit unsere Gesundheit bewahren.

Im Körper werden die durch die Verdauungsorgane absorbierten Nährstoffe aufgespalten und verbrannt, um die zur Aufrechterhaltung des Lebens nötige Energie bereitzustellen. Hierzu ist Sauerstoff unbedingt notwendig. Sind die Körperzellen gut mit Sauerstoff versorgt, wird auch die Nahrung vollständig in Energie umgewandelt. Als Nebenprodukt dieses Vorgangs werden Abfallstoffe wie z. B. Kohlendioxyd erzeugt, die sofort entfernt werden müssen.

Als äußere Atmung oder Lungenatmung bezeichnen wir den Vorgang, bei dem Luft aus der äußeren Umgebung in die Lungen eingeatmet und Kohlendioxyd aus den Lungen ausgeatmet wird. Innere Atmung wird der Vorgang genannt, bei dem über die Kapillargefäße der Lungenbläschen Sauerstoff aus der Lunge in die großen Blutgefäße aufgenommen wird und von dort aus in die Kapillargefäße, die die Körperzellen mit Sauerstoff versorgen, gelangt. Umgekehrt wird das Kohlendioxyd, das in den Zellen produziert wird, von den Kapillargefäßen absorbiert, über diese in die großen Blutgefäße und dann in die Kapillargefäße der Lunge geleitet, wo es ausgeatmet wird. Die innere Atmung ist von besonderer Wichtigkeit.

Neuere medizinische Untersuchungen besagen, daß 80 % aller modernen Krankheiten von nervösen Problemen herrühren. Die meisten Menschen sind nervös, ärgern sich oder machen sich unnötige Sorgen und verspannen dadurch ihren Körper. Als Folge davon verengen sich die Kapillargefäße und erschweren die Blutzirkulation. Da aber der Austausch von Sauerstoff und Kohlendioxyd in den Zellen von der Blutversorgung abhängt, kann die innere Atmung in diesem Zustand nur unvollständig sein. Folglich nehmen Lebenskraft und Vitalität ab, wir werden schwach, unruhig und anfällig für Krankheiten.

Genauso wie es wichtiger ist, Feuer zu verhüten, als es zu löschen, ist es besser, die Lebenskraft zu aktivieren, statt Krankheiten zu heilen. Das Mittel zur Aktivierung der Lebenskraft ist die Ki-Atmung. Wenn man tief atmet, den Einen Punkt hält und sich vollkommen entspannt, öffnen sich die Kapillargefäße, und Sauerstoff gelangt in jeden Teil des Körpers. Die Nahrung wird vollständig umgewandelt und die Lebenskraft gestärkt.

Leber-, Nieren- und Herzkrankheiten, Diabetes und hoher Blutdruck können durch Ihre eigene Lebenskraft mühelos geheilt werden. Ki-Atmung ist ein Lebenselixier. Auch wenn es vielleicht keine unmittelbar und sofort sichtbaren Ergebnisse bringt: wenn man sich täglich ein wenig Zeit für die Atmung nimmt, erwerben wir durch fortgesetzte Praxis mit Sicherheit einen unsichtbaren, aber mächtigen Grundstock an Kraft. Nach und nach erreichen wir den Zustand, in dem wir uns jederzeit in Einheit von Geist und Körper befinden und erstaunliche Kraft und Gesundheit entfalten.

Viele Menschen sehen einen mächtigen Baum, aber nur wenige bemerken seine Wurzeln. Jedoch nur mit festgefügten Wurzeln kann ein Baum zu dieser Größe heranwachsen. Die Ki-Atmung schult uns, damit wir die Wurzeln für den Fortschritt entwickeln. Nutzen Sie die Zeit, die andere gewöhnlich sinnlos verstreichen lassen oder verschwenden, um diese Wurzeln auszubilden, und Sie werden sich zu überragender Größe entwickeln.

Die zweite Methode

Für den Fall, daß man nur wenig Zeit hat, gibt es eine zweite Methode, bei der man durch die Nase ein- und ausatmet.

(1) Sie stehen aufrecht, die Füße etwa einen halben Schritt auseinander. Bei dieser Technik können Sie die Augen sowohl offen als auch geschlossen halten. Öffnen Sie die Hände, und lassen Sie die Arme auf natürliche Weise seitlich am Körper hängen (Abb. 27 a).

Abb. 27 a

Abb. 27 b

(2) Atmen Sie ein, so als wollten Sie das Ki des Universums in sich aufnehmen. Dann schließen Sie einen Finger nach dem anderen, beginnend mit dem kleinen Finger, so als wollten Sie das Ki des Universums in sich hineinziehen. Währenddessen bewegen Sie sich auf den Fußballen langsam nach oben, so weit es geht. Die Einatmung sollte etwa 5 Sekunden dauern (Abb. 27 b).

(3) Wenn Sie genügend Luft eingeatmet haben, bewegen Sie Ihre Fäuste nach unten, als würden Sie gleich auf diese fallen, spannen den Einen Punkt im Unter-

Abb. 27 c

Abb. 27 d

bauch an und setzen die Fersen kräftig auf den Boden (Abb. 27 c).

Diesmal ist es nicht so, daß Sie Ihr Ki im Einen Punkt im Unterbauch sammeln. Vielmehr konzentrieren Sie dort Ihre gesamte körperliche Kraft. Sie werden spüren, wie die Kraft Ihren ganzen Körper durchströmt. Bleiben Sie etwa 5 Sekunden in dieser Haltung.

(4) Atmen Sie nun bei geschlossenem Mund durch die Nase aus, als wollten Sie Ihre ganze körperliche Kraft ausatmen. Gleichzeitig öffnen Sie die Finger beider Hände und drehen die Handflächen nach unten, als würden Sie mit ihnen kraftvoll auf die Erde drücken. Bewegen Sie beide Hände in Richtung der gestrichelten Linie in Abb. 27 d. Am Ende der Ausatmung spannen Sie den Einen Punkt im Unterbauch kräftig an. Dieser Vorgang sollte ungefähr 10 Sekunden dauern.

(5) Wenn Sie vollständig ausgeatmet haben, drehen Sie die Finger sofort wieder nach außen und kehren wieder in die Ausgangshaltung zurück, um wieder mit der Einatmung zu beginnen.

In Bezug auf die Einheit von Geist und Körper und die Vermittlung wahrer Stärke geht diese Methode zwar weniger tief, doch hat sie den Vorteil, daß sie im Alltag nur kurze Zeit beansprucht. Da drei- oder viermal vollkommen ausreichen und eine Übung nur 20 Sekunden dauert, erfordert das Ganze lediglich eine Minute.

Es hat seinen Grund, daß Sie bei dieser Methode den Einen Punkt im Unterbauch mit Kraft anspannen sollen. Wenn Sie niedergeschlagen, sehr müde oder wütend sind, ist es schwer, den Geist im Einen Punkt ruhen zu lassen, denn in solchen Situationen kann man diesen Punkt nicht so leicht ausfindig machen. Dann ist diese Atemmethode ausgesprochen effektiv.

Wenn Sie den Unterbauch ohne die Ki-Atmung anspannen, steigt Ihr Blut nach oben, und es wird noch schwerer, den Einen Punkt zu finden. Wenn Sie aber beides tun, so konzentriert sich Ihre Kraft im Einen Punkt. Dadurch, daß Sie den ganzen Körper zuerst an- und dann wieder entspannen, sammeln Sie Ihr Ki im

Einen Punkt. Wenn Sie müde sind, baut diese Methode Ihre ganze Kraft schnell wieder auf, da Sie Ihnen hilft, Geist und Körper wieder in Einheit zu bringen. Es ist leichter, sich vollkommen zu entspannen, nachdem man den ganzen Körper vollkommen angespannt hat. Sie können diese Atemtechnik aber auch dann üben, wenn Sie nicht müde sind und sich gerade an eine Arbeit machen. Sie gibt Ihnen das Selbstvertrauen, mit Elan anzufangen und zu zeigen, was Sie wirklich können.

Atmen, ohne zu atmen

Sie sitzen auf den Fersen, schließen die Augen oder lassen sie halb geöffnet und richten den Blick auf eine etwa zwei Meter entfernte Stelle vor Ihnen. Atmen Sie sehr, sehr ruhig ein und aus, ohne ein Geräusch zu machen. Lassen Sie Ihren Geist im Einen Punkt im Unterbauch ruhen, und die Atmung wird unbewußt geschehen. So vergessen Sie sich, werden eins mit dem Universum und betreten das Reich, in dem nichts als das Universum existiert.

Obwohl diese Erklärung sehr einfach zu sein scheint, erfordert das Vergessen der Atmung und das Eintreten in das Reich der Einheit mit dem Universum viel Disziplin. Doch durch die Ki-Meditation, bei der Sie Ihren Geist im Einen Punkt ruhen lassen, der durch stetige Halbierung unendlich klein wird, können Sie sie verwirklichen.

Alle beschriebenen Atemmethoden basieren auf der Einheit von Geist und Körper als Voraussetzung richtigen Atmens. Praktizieren Sie die Atmung täglich, und ohne daß Sie sich dessen bewußt sind, wird sie richtig. Besonders körperlich schwache oder geistig labile Menschen sollten die Atmung regelmäßig üben, denn dies wird ihnen helfen, die Lebenskräfte zu aktivieren und einen gesunden Geist und Körper aufzubauen.

Wenn wir sagen, daß der eins gewordene Mensch sogar mit den Fersen atmen kann, so heißt das nicht, die Ferse enthalte irgendein besonderes Atmungsorgan. Dies bedeutet vielmehr, daß jemand, der gut atmet, dies mit seinem ganzen Körper tut, eben sogar mit den Fersen. Und dies nennen wir eins werden mit dem Universum — die Atmung dem Universum überlassen.

Wenn Sie beim Aikidō in Einheit von Geist und Körper von mehreren Partnern gleichzeitig angegriffen werden und Sie dadurch die Kontrolle über Ihre Atmung verlieren, werden Ihre Bewegungen schwerfällig. Ernsthaftes und eifriges Üben der Atmung kann dieses Hindernis beseitigen. Wenn Geist und Körper in einem Zustand der Einheit sind, wird die Atmung richtig. Dann können Sie frei über Ihren Körper verfügen und jede beliebige Technik ausführen.

Kapitel 8

Der göttliche Geist

Wie wir bereits sagten, ist unser Leben ein Teil des universellen Lebens, und unsere Grundsubstanz das Ki des Universums. Unser Leben und unser Körper sind aus dem Ki des Universums geboren, und beide werden zu ihm zurückkehren. Da Ki die Grundsubstanz des Körpers ist, ist es auch die Grundsubstanz des Geistes.

Die ›Entwicklung von Ki‹ ist eine Schulung, die uns hilft, Geist und Körper zu vereinen und eins zu werden mit dem Ki des Universums. Mit anderen Worten: der Weg zur Einheit mit Ki. Aber warum ist es überhaupt notwendig, Dinge zu vereinen, die von Natur aus schon eins sind?

Uns wurde ein Geist und ein Körper gegeben, um in dieser Welt zu leben und das Leben weiterzugeben. Doch der Geist trennt sich vom Körper und behindert die Bildung eines Ganzen. Wenn wir daher nicht lernen, den Geist zu kontrollieren, sind wir vom Universum getrennt. Wenn wir das Wort ›Geist‹ gebrauchen, hat es für uns allerdings eine umfassendere Bedeutung als im allgemeinen Sprachgebrauch.

Um in dieser Welt zu existieren, wurde allem ein Geist (im umfassenderen Sinn) und ein Körper gegeben. Ein Stein hat den Geist eines Steines, der die Form des Steines bewahrt. Luft hat den Geist der Luft, der ihre Formlosigkeit und ihre Bewegungen bewahrt und ihre Aufgabe erfüllt. Die Lehre Buddhas drückt dies so aus: Alle Dinge haben die Buddhanatur. Dieser Geist unbelebter Dinge ist das, was wir das Sosein der Dinge nennen. Dieses Sosein an sich ist Geist im umfassenderen Sinn.

Wir Menschen haben zusätzlich zu dem, was wir normalerweise ›Geist‹ nennen, auch diesen Geist unbelebter Dinge. Die Nägel haben ihren Geist, die Haare haben ihren Geist, jede Zelle hat ihren Geist, und ohne daß wir uns dessen bewußt sind, erfüllt jedes dieser Dinge seine eigene Aufgabe. Im allgemeinen nennen wir all diese Dinge zusammen ›Körper‹. Dieser Körper im umfassenderen Sinn ist Geist.

Ein Baum nimmt seine Nahrung durch die Wurzeln auf und atmet durch seine Blätter. Bäume und Gräser haben ein Leben und einen Geist, der dieses Leben aufrechterhält. Im allgemeinen denken wir uns diesen Pflanzen-Geist einfach als den Vorgang der Weiterführung des Lebens. Dies gilt aber auch für den Körper des Menschen. Der Mund nimmt die Nahrung auf, die dann verdaut und in Plasma umgebildet und schließlich in alle Körperteile transportiert wird. Dies ist unser (uns nicht bewußter) ›Pflanzen-Geist‹.

Tiere essen, wenn sie Hunger haben und geben Laute von sich, wenn sie dies tun wollen. Sie handeln gemäß den Anforderungen der Weiterführung des Lebens. Wir nennen dies den tierischen Geist oder bei den Menschen die Urinstinkte. Jeder weiß, daß der Mensch auch diese tierhaften Urinstinkte besitzt. Der Mensch vereint den

Geist aller Dinge, Pflanzen und Tiere und das höhere Element, das wir im allgemeinen Geist oder Seele nennen.

Die menschlichen Urinstinkte liegen auf der gleichen Ebene wie der tierische Geist. Wir betrachten einen Menschen, der auf keinem höheren Niveau als dem der Urinstinkte lebt, als un-menschlich, da ihm die charakteristischen Züge des Menschlichen fehlen.

Ein Mensch, dessen Geist rasend geworden ist vor Wut, wird zu einem Gegenstand, denn in ihm sind nur noch der materielle und pflanzliche Geist aktiv. Er behält zwar die äußere Gestalt des Menschen, aber er hat dessen charakteristische Wesenszüge verloren. Viele junge Menschen kümmern sich nicht um das Leid, das sie anderen bereiten noch um die Gesellschaftsordnung und nehmen sich explizit vor, nichts zu tun, als ihre eigenen Wünsche auf ihre eigene Art zu befriedigen. In diesen Menschen ist nur der materielle, pflanzliche und tierische Geist tätig. Sie sind mit anderen Worten Tiermenschen, die auf keiner höheren Stufe stehen als die anderen Tiere.

Der Mensch ist Schöpfer einer Gesellschaft, einer sozialen Ordnung. Er kann unterscheiden zwischen gut und schlecht und kann es unterlassen, anderen Dinge zuzufügen, von denen er nicht will, daß man sie ihm selbst zufüge. Das Vermögen des Menschen, Dinge zu beurteilen, trennt ihn von den anderen Tieren. Wir nennen diese Fähigkeit den Geist der Vernunft. Einige Tiere haben bis zu einem bestimmten Grad die Fähigkeit zu vernunftmäßigem Handeln. Ein Hund vergißt niemals einen Menschen, der ihn freundlich behandelt hat, und die Ameisen haben eine recht hochentwickelte soziale Ordnung, aber ihnen fehlt die menschliche Fähigkeit, alles selbst beurteilen zu können. Ein Mensch, dem der urteilende Geist, der charakteristische Wesenszug des Menschlichen, fehlt, ist nicht besser als ein Tier.

Die menschliche Urteilskraft entwickelt sich beim Heranwachsen und erreicht durch Bildung ein höheres Niveau. Zuerst unterrichten uns die Eltern oder ein Vormund, dann unsere soziale Umgebung und später Schulen, bis wir allmählich zu ganzen Menschen heranwachsen. Die Urteilskraft eines Individuums, das im gleichen wilden Zustand bleibt, in dem es geboren wurde, würde sich nie in irgendeiner Weise höherentwickeln. Es gibt zum Beispiel den Fall eines Kindes, das tief in den Bergen geboren wurde und beide Eltern verlor. Affen säugten es und zogen es auf, bis es erwachsen war. Natürlich verstand es die menschliche Sprache nicht. Seine Beine waren krumm, und es konnte, genau wie die Tiere, mit denen es lebte, auf Bäume klettern. Es fürchtete sich vor den Menschen aus den Dörfern und war in allem wie ein richtiger Affe. Man erzählte sich, seine menschliche Urteilskraft und Vernunft seien nahezu gleich Null gewesen.

So lange Eltern ihre Kinder orientierungslos herumrennen lassen, so lange die Gesellschaft sich nicht um die Umwelt ihrer Kinder kümmert und so lange die Schulen damit fortfahren, in ihrer Erziehung nichts als Informationen weiterzugeben, kann man auch nichts anderes erwarten, als daß die Kinder wie Tiere heranwachsen und allem folgen, wohin ihr Instinkt sie führt. Jugendkriminalität und Drogensucht, die drückendsten Probleme der gegenwärtigen Welt, fordern die Eltern heraus, sich ihrer Kinder wieder bewußt zu werden, die Gesellschaft, ihre Umwelt zu verbessern, und die Schulen, den Wert ihrer Arbeit zu überdenken und die Notwendigkeit von echter Erziehung zu erkennen. Wir können nur dann eine wahre Gesellschaft schaffen, wenn wir unseren Kindern den Geist der Vernunft vermitteln und sie lehren, zu Menschen heranzuwachsen, die seinen Geboten folgen.

Wenn die Menschen denken, alles sei in Ordnung, wenn sich ihre Vernunft einmal entwickelt hat, kann es allerdings auch zu Problemen kommen. Denn wenn sogar Erzieher, die als Menschen mit großer Urteilskraft gelten und Personen in hoher gesellschaftlicher Stellung schwere Irrtümer wider die Vernunft begehen, dann können wir kaum Kinder anklagen, die, wenn sie auch theoretisch wissen, was falsch ist, dennoch Falsches tun.

Manchmal verliert der Verstand im Kampf gegen die Begierden; dann herrscht das Wesen der Tiere über das Wesen der Vernunft. Schließlich kann der Verstand nicht vollständig über die Instinkte herrschen. Wenn die Vernunft manchmal den Sieg über die Instinkte erringt, werden die Instinkte früher oder später auch einmal siegen. Es ist normal, wenn beide ständig miteinander ringen und mal der eine, mal der andere den Sieg davonträgt. Die bloße Anwesenheit des Verstandes im

Menschen verursacht in ihm den Schmerz der ständigen Auseinandersetzung, ein Schmerz, der den vernunftlosen Tieren unbekannt ist.

Obwohl manch klägliches Volk meint, daß es doch nett wäre, wie die Tiere zu sein, und ohne überhaupt nachzudenken nur das tut, was es gerade will, oder daß es sein will wie ein Vogel oder eine Muschel auf dem Meeresgrund, leben andere tapfer in der Auseinandersetzung zwischen Verstand und Instinkt und haben den Mut, beim Handeln ihren Willen zu benutzen.

Die Tatsache bleibt, daß der Verstand über den Instinkt nicht immer siegreich sein kann. Die Vernunft ist etwas, das nach der Geburt erst in uns herangebildet wird; die Triebe sind uns seit unserem ersten Augenblick eigen. Wir dürfen nicht erwarten, daß wir einen angeborenen Wesenszug mit einem erworbenen vollständig kontrollieren können. Aber wäre der Mensch nur deshalb geboren, um ständig am Kampf zwischen Vernunft und Instinkt zu leiden, so wäre dies tatsächlich eine sorgenvolle Welt.

Es gibt indessen keinen Grund, sich zu ängstigen, denn der Mensch ist mit einem Geist ausgestattet, der sogar noch feiner ist als derjenige der Vernunft, einem angeborenen ursprünglichen Geist. Wir sind aus dem Ki des Universums geboren und eins mit ihm. Wir haben eine direkte Verbindung zu dem Geist des Universums, und eben dieser Geist läßt uns wissen, daß wir eins sind mit dem Universum. Dies ist nicht Gegenstand verstandesmäßigen Urteilens, es ist ein Verstehen mit der gesamten Einheit von Körper und Geist.

Die Fähigkeit, auf diese Weise zu verstehen, ist unsere göttliche Seele. Da diese direkt mit dem Universum in Verbindung steht, hat sie die Macht, sowohl den Verstand als auch die angeborenen tierischen Instinkte zu kontrollieren. Wenn diese göttliche Seele einmal deutlich in Erscheinung tritt, hören vom Verstand verursachte Irrtümer auf, und die Instinkte arbeiten nicht mehr aufs Geratewohl.

Wenn, wie es manchmal der Fall ist, ein feiger Bösewicht sich vollständig dem Guten zuwendet, so deshalb, weil die göttliche Seele ihm die Augen geöffnet hat und der Mann nicht mehr in der Lage ist, eine schlechte Handlung zu denken, geschweige denn sie zu begehen.

Tiefgläubige Menschen haben oft einen Geist von solch fast unglaublicher Güte und Nächstenliebe, daß sie mit Freuden bereit sind, sich selbst zu vergessen und ihr Herz und ihren Körper vollständig dem Wohl anderer oder der Gesellschaft zu verschreiben. Für gewöhnliche Menschen scheint das etwas zu sein, das große Qual verursacht und außerordentliche Anstrengung und Selbstüberwindung erfordert, wogegen es in Wirklichkeit nur das Auftreten der göttlichen Seele im wahren Gläubigen ist. Der gläubige Mensch folgt den Befehlen dieser göttlichen Seele. Für ihn ist es grenzenlose Freude und nicht Schmerz und Leid.

Ein tugendhafter Zenmönch sagte einmal, er frage sich jeden Morgen beim Aufwachen: »Ist auch dein Meister wach?«, worauf er sich selbst antwortete: »Ja, er ist wach.« Während des Tages wiederholte er dies mehrfach. Dazu muß man wissen: Im Zen nennt man sich selbst gewöhnlich *shōga* oder das kleinere Selbst und unser eigentliches Wesen *taiga* oder größeres Selbst. Zen lehrt auch, *shōga* aufzugeben, um *taiga* zum Leben zu erwecken. Anders ausgedrückt ist es die Ermahnung, uns nicht Sklave unseres kleineren Selbst sein zu lassen, sondern unsere Augen dem ursprünglichen Wesen zu öffnen, welches eins ist mit dem Universum. Der Geist, der sich aus dem größeren Selbst erhebt, ist die göttliche Seele. Mit der Frage, ob sein Meister wach sei, fragte sich der Zenmönch also, ob seine göttliche Seele, sein größeres Selbst, wach sei. Sein Fragen ist eine Methode, um sicherzustellen, daß die göttliche Seele immer aktiv ist. Wenn er das Gefühl hatte, daß diese Seele verdeckt war, konnte er sie mit der Frage »Ist auch dein Meister wach?« wieder wachrufen.

Das höchste Ziel der Ki-Atmung und der ruhigen Meditation im Sitzen (sowohl im Zen als auch im Yoga) ist das Verstehen unseres ursprünglichen Wesens, welches eins ist mit dem Universum, und das Erscheinen der göttlichen Seele. Ob wir uns dessen bewußt sind oder nicht, gewöhnlich bewegt sich über uns eine Mischung aus unserem unbelebten, unserem tierischen und unserem verstandesmäßigem Geist, wie die Wellen, die der Wind auf der Oberfläche eines Sees erzeugt. Wie das Spiegelbild des Vollmondes auf dem Wasser durch die Wellen zu Tausenden von Bruchstücken zerteilt wird und kein wirkliches Bild des Mondes wiedergibt, kann auch der Geist kein wahres Spiegelbild des Universums geben, wenn er unruhig ist. Unruhe kann letzten Endes nur zur Unfähigkeit führen, Richtig und

Falsch zu unterscheiden und zu einem Rückfall unter die Herrschaft der Instinkte.

Wir müssen Geist und Körper in Einheit bringen, die Wellen des Geistes beruhigen und uns selbst zu einem klaren Spiegel machen, in welchem das wahre Spiegelbild des Universums unsere Urteilskraft läutert und uns davon befreit, Gutes mit Schlechtem zu verwechseln. Wenn wir etwas Schlechtes tun, sagt uns die Stimme dessen, was wir Gewissen nennen, daß wir es nicht tun sollten. Dieses Gewissen entstammt der göttlichen Seele, aber wenn der Geist unruhig ist, geht die Stimme des Gewissens im Aufruhr der Wellen verloren. Ist unser Geist jedoch ruhig, donnert die Stimme des Gewissens mit absoluter Autorität. Der Mensch ist nur dann der Herr der Schöpfung, wenn er seine göttliche Seele klar entfaltet.

Im Ki No Kenkyūkai üben wir, Geist und Körper immer, sowohl in Ruhe als auch in Bewegung und Aktivität, in Einheit zu bringen, eins zu werden mit dem Ki des Universums und unseren Geist ruhig und gelassen zu bewahren wie einen Spiegel. Daher müssen wir stets unsere göttliche Seele hervorkehren und immer die Kraft haben, für uns selbst zu beurteilen, was in dieser Welt gut ist und was schlecht.

Jemand, der in den Techniken Fortschritte macht und stärker wird, aber nicht die Fähigkeit erlangt, Gutes von Schlechtem zu unterscheiden, ist kein wahrer Schüler des Aikidō in Einheit von Geist und Körper. Wer einen schlechten Zug in sich trägt und in den Techniken stärker wird, bewirkt mehr Böses und nicht

Gutes in dieser Welt. Durch die Übung von Ki und die Erweckung des göttlichen Geistes in uns müssen wir aufrichtig werden, richtig urteilen und richtig handeln. Um diesen weiten und großartigen Weg zu meistern, müssen wir vorwärtsdrängen und uns immer wieder neu schulen.

Kapitel 9

Der Geist der Liebe und des Beschützens aller Dinge

Alles verändert sich gemäß unserer Betrachtungsweise. Das Universum wächst und entwickelt sich ständig, und Tod und Zerstörung hören nicht auf.

Zwar lehrt das Christentum, daß Gott Liebe und der Buddhismus, daß das Universum Mitleid ist, doch manche sind der Ansicht, das Universum sei herzlos. Betrachten wir die schöpferische, sich entwickelnde Seite des Universums, scheint es Liebe zu sein, wogegen ein Blick auf Tod und Zerstörung uns dahin führt zu glauben, es sei tatsächlich herzlos. Das Universum selbst sagt dazu kein Wort und überläßt die Entscheidung dem Beobachter. Wollen wir uns eine widerliche Welt und ein erbärmliches Leben schaffen, müssen wir uns nur negatives Ki zu eigen machen, alles durch dieses negative Ki betrachten und das Universum herzlos nennen. Wenn Ihr Geist negativ orientiert ist, werden Sie sich in guten wie in schlechten Zeiten immer von Geistern und Dämonen gejagt fühlen. Nichts, was Sie sehen oder hören, wird Sie interessieren, und Sie werden keinen Versuch unternehmen, die Liebe des Universums zu verstehen.

Wenn andererseits Ihr Geist positiv ist, werden Sie den Himmel immer blau sehen, egal ob er klar oder bewölkt ist, und alles, was Sie sehen oder hören, wird Ihnen Freude bereiten. Obwohl es wahr ist, daß auf dieser Welt Tod und Zerstörung existieren, betrachtet jemand, dessen Geist positiv ist, sogar den Tod als etwas Kostbares. Wenn es den Tod gibt, muß die Geburt sowohl sehr wertvoll als auch reichlich vorhanden sein.

Ich erinnere mich, daß ich einmal eine Geschichte gelesen habe darüber, wie alles wäre, wenn es keinen Tod gäbe und die Menschen ewig lebten:

Einem Mann, der ungeheure Angst vor dem Tod hatte, wurde ewiges Leben geschenkt. Obwohl er darüber anfangs überglücklich war, wurde er des Lebens schließlich überdrüssig, und er versuchte sich zu töten, indem er von einer Klippe sprang. Er starb jedoch nicht. Er versuchte es mit Gift, dem Strick und anderen Mitteln, mußte jedoch schließlich erkennen, daß der Tod für ihn nicht existierte. Und er verstand, daß ewiges Leben kein Vergnügen ist und nichts enthält außer der verstärkten Pein der Langeweile.

Wir unternehmen in unserem Leben Anstrengungen und erkennen den Wert unseres Lebens, weil der Tod existiert.

Natürlich ist das nur eine Geschichte, aber sie enthält einige Wahrheit. Der Tod ist eine Form der Liebe, die das Universum uns schenkt.

Wir verstehen den Wert unserer Nahrung, wenn wir hungrig sind und den Segen guter Gesundheit, wenn wir krank sind. Ohne Geschmacksempfindung gibt es kein Festessen. Ohne die Empfindungen von Freude und Dankbarkeit bringt nichts auf der Welt das Gefühl des Glücks. Das Universum schenkt uns Mangel und Wunsch als eine Form der Liebe. Wenn Sie das bedenken, finden Sie das Glück auch in Zeiten der Entbehrung. Wenn Sie krank sind, können Sie dies als eine vom Himmel gewährte Ruhepause auffassen und die wunderbare Gelegenheit benutzen, Ihren Geist zu üben. Wenn Sie gesund sind, können Sie sich an dem Gefühl, das gute Gesundheit Ihnen gibt, erfreuen. Nichts auf der Welt braucht unangenehm zu sein.

Wenn Ihr Geist positiv und dankbar ist für die Liebe, die er vom Universum empfängt, wird Positives Positives an sich ziehen, und die Götter des Glücks werden über Ihrem Leben lächeln.

Wenn wir einmal eins sind mit dem Universum, erscheint die Spiegelung des Universums in der göttlichen Seele immer in Form von Liebe. Es ist ein Erscheinen dieses Geistes, das uns sagt, daß wir alle Dinge lieben, schützen und hegen müssen. Die Schulung von Ki ist die Veredelung der Liebe im Innern unseres Geistes, als Teil des universalen Geistes. Wir kämpfen mit unseren Gegnern nicht, um zu gewinnen oder zu verlieren. Beide korrigieren wechselseitig des anderen schwache Punkte, glätten sich gegenseitig wie Kiesel im Flußbett und spiegeln wechselseitig ihr Handeln. Die geistige Haltung des gegenseitigen Respektes und wechselseitiger Liebe übt unseren Geist und Körper, bis wir einen Zustand von Reinheit und Liebe erreichen.

Hätten alle Menschen den Geist der Liebe und des Beschützens aller Dinge, so wäre diese Welt ein Paradies auf Erden.

Teil zwei

Alltag in Einklang mit Ki

Kapitel 10

Morgens aufstehen

Was auch immer Sie sich entschließen zu tun, Sie benötigen einen starken Willen. Mag das, was Sie lernen, noch so wertvoll sein, wenn Sie es nicht durchschauen, wird daraus nichts werden. Wer einen zu schwachem Willen hat, wird, auch wenn er denkt, er sei auf dem richtigen Weg, nicht fähig sein, das Angefangene weiterzuführen und mit nichts Erfolg haben.

Obwohl viele Menschen, denen ich den Einen Punkt im Unterbauch und positives Ki lehre, tatsächlich in die Praxis umsetzen, was sie lernen, sich üben und zu Ergebnissen kommen, ist die Zahl derer, die anfangen und nach zwei oder drei Tagen wieder aufhören, nicht klein. Man kann von einer kurzen Anstrengung keine vollkommene Meisterschaft erwarten. Nur durch ununterbrochene Anstrengung können Sie erreichen, Geist und Körper in Einheit zu bringen und die göttliche Seele wirken zu lassen. Wer nur ein paar Tage lang übt und dann über das Ki-Training murrt und es kritisiert, stellt nur seine eigene Oberflächlichkeit zur Schau. Gleichgültig, was Sie anfangen, Sie müssen positives Ki aufbringen, einen starken Willen entwickeln und die Dinge durchschauen.

Wie auch das Jahr nur einen Neujahrstag hat, hat ein Tag nur einen Moment, in dem Sie aufwachen. Wenn Sie mit einem unangenehmen Gefühl aufwachen, so bleibt dieses Gefühl, ohne daß Sie sich dessen bewußt sind, an Ihnen haften, bewirkt negatives Ki und macht den ganzen Tag unangenehm. Sie werden denken: »Ich bin heute morgen schon mit einem schlechten Gefühl aufgewacht, und den ganzen Tag ist mir nichts gelungen.«

Ki-Training ist die Übung, ständig positives Ki fließen zu lassen. Dieses positive Ki müssen Sie schon am Morgen beim Aufstehen wecken. Sie sollten sich angewöhnen, in dem Moment, in dem Sie erwachen, hellwach zu sein, die Bettdecke wegzustrampeln und aus dem Bett zu springen. Viele Menschen liegen nach dem Aufwachen noch herum und scheuen sich grundsätzlich davor, aufzustehen, weil Sie einen schwachen Willen haben. Vor allen Dingen nehmen Sie in Momenten wie diesen nichts Klares auf, Ihr Bewußtsein ist verschwommen, Ihr Verstand träge, und Sie werden beherrscht von Ihren Trieben. Im Bett liegen und dösen kann mit Schuld daran sein, wenn Sie der schlechten Gewohnheit verfallen, zuzulassen, daß Ihre Triebe über Ihren Verstand siegen. Da während des Schlafes Ihr Körper mit frischem Ki aus dem Universum versorgt wird, sollten Sie tief schlafen. Es wird Ihrem Körper jedoch keine Erholung verschaffen, wenn Sie im Bett liegenbleiben, nachdem Sie einmal aufgewacht sind. Sie müssen geradewegs und bestimmt aus dem Bett springen, denn damit wecken Sie das positive Ki, das den Tag gut beginnen läßt. Schon allein dadurch tragen Sie sehr viel zur Stärkung Ihres Bewußtseins bei.

Junge Menschen, die vorhaben, sich weiterzuentwikkeln, sollten diese Gewohnheit besonders sorgfältig pflegen.

Als ich jung war, war ich sowohl geistig als auch körperlich schwächlich. Da ich in der Nacht schlecht schlief, war ich am Morgen schwerfällig und schlaftrunken und fand es außerordentlich schwer, aufzustehen. Was auch immer ich begann, meine Ausdauer reichte nicht aus, und ich gab auf halbem Weg auf. Ich dachte, der Grund dafür läge in meiner körperlichen Schwäche.

Mit sechzehn war ich ein Jahr lang wegen einer Rippenfellentzündung in Behandlung, aber die Krankheit verschlimmerte sich ständig. Wenn ich heute daran zurückdenke, sehe ich, daß ich mich der Krankheit überlassen und mit ganz und gar negativem Ki meine Heilung verzögert habe. Ich verbrachte meine ganze Zeit damit, mir darüber Sorgen zu machen, daß selbst wenn die Krankheit vorübergehen sollte, ich nicht damit rechnen konnte, vollständig gesund zu werden, und so besserte sich mein Zustand überhaupt nicht.

Andererseits hatte ich in dem einen Jahr der Behandlung Gelegenheit, über mich nachzudenken und zu erkennen, daß ich nicht so weitermachen könne wie bisher. So las ich einige Bücher über Persönlichkeitsentwicklung, die mir in die Hände fielen. Diese machten wir bewußt, daß ich etwas tun müsse, um meinen Körper abzuhärten und zu stärken.

Beim Lesen eines dieser Bücher erkannte ich ganz klar, daß meine Willenskraft zu schwach war und ich sie daher ausbilden und stärken mußte. Ich sagte mir:

»Also gut! Arbeiten wir an der Willenskraft. Das ist wohl das mindeste, was ich tun kann.« Der Arzt sagte mir, ich dürfe noch keine anstrengenden Übungen machen, deshalb entschloß ich mich schließlich, jeden Tag kalte Bäder zu nehmen.

Zu dieser Zeit war es Sommer, und das kalte Wasser war angenehm. Sobald ich am Morgen erwachte, sprang ich auf, lief ins Badezimmer und leerte zwei oder drei Eimer kaltes Wasser über Kopf und Körper. Dann trocknete und rieb ich meinen Körper gründlich mit einem Handtuch ab. Bald wachte ich jeden Morgen mit dem unmittelbaren Gedanken an kaltes Wasser auf. Mein Kopf war sofort klar, und ich sagte mir: »Es tut dir nicht gut, im warmen Bett herumzulungern.« Meine schlechten Aufstehgewohnheiten änderten sich vollkommen, und in der Nacht schlief ich wie ein Stein. Allmählich rückte der Herbst näher. Die Temperaturen sanken, und das Wasser wurde kälter, aber ich habe niemals auch nur daran gedacht, mit meinem Training aufzuhören. Ohne zu seufzen, setzte ich meine kalten Bäder während des ganzen Winters fort, und mein Körper wurde so stark, daß ich das Gefühl hatte, alles tun zu können, was ich wollte.

Später hörte ich von den strengen Zen-Übungen, der *misogi*-Atmung und der Meditation unter einem Wasserfall. Eifrig übte ich mich in solchen und anderen Dingen, bis ich sie alle gemeistert hatte. Dann stieß ich auf Aikidō.

Die kalten Bäder waren die erste Gelegenheit. Mein Ki wurde dadurch positiv, und das Positive brachte mehr Positives mit sich. Ich war mit einem guten Aikidō-Lehrer gesegnet, und heute bin ich so weit, daß ich den Menschen in der ganzen Welt das positive Ki erklären und unterrichten kann.

Für junge Menschen, die jetzt damit anfangen wollen, sich für die Zukunft zu entwickeln, ist das Entscheidende, beim Aufwachen morgens ihren Kopf von den Bildern, die in der Nacht auftauchten, zu leeren, aufzuspringen und dem Tag mit der positiven Haltung entgegenzusehen: »Ich werde mein Bestes tun.«

Der erste Schritt am Anfang führt zu tausend Kilometern Fortschritt. Setzen Sie diese frühmorgendliche Übung in die Praxis um. Fangen Sie jetzt gleich damit an.

Kapitel 11

Schlafen

Um morgens gleich hellwach sein zu können, müssen Sie während der Nacht tief schlafen, denn im Schlaf erholen Sie sich von der Arbeit des Tages. Menschen, die gar nicht oder nur leicht schlafen und morgens nur allmählich und mit bleischweren Lidern und einem verworrenen Kopf aufwachen, sind auch diejenigen, die bis zur letzten Minute im Bett liegen und dabei weder schlafen noch wach sind.

In der Nacht, wenn wir schlafen und uns dadurch vollständig dem Universum überlassen, ist das Gehirn im Ruhezustand. Dann strömt das Ki des Universums durch das Gehirn, erfüllt den Körper, erneuert unsere Kraft und macht uns bereit, am nächsten Morgen hellwach zu sein. Befindet sich unser Gehirn jedoch mehr in Aufregung als in Ruhe, so ist dies ein Hindernis, das den gleichmäßigen Ki-Fluß blockiert, und wenn wir am Morgen aufwachen, können wir nicht sofort aufstehen, weil es uns an frischem Ki mangelt. Darum ist ein kurzer, aber tiefer Schlaf eine größere Wohltat als ein langer und leichter.

Wir hören oft, fünf Dinge seien für das menschliche Leben unentbehrlich: Kleidung, Nahrung, Obdach, Luft und Wasser. Für zivilisierte Gesellschaften trifft dies zu, aber in südlichen, ›unkultivierten‹ Ländern sind diese Dinge nicht immer lebensnotwendig. In einigen Ländern können die Menschen nackt leben und im Schatten der Bäume schlafen. Aber Nahrung, Luft und Wasser sind grundsätzlich lebensnotwendig, wer auch immer Sie sein mögen und wo immer Sie auch leben.

Aber sind diese drei Voraussetzungen auch ausreichend? Natürlich nicht, auch Ki ist lebensnotwendig. Wir empfangen unseren Vorrat an frischem Ki, während wir schlafen. Selbst wenn die drei übrigen zum Leben notwendigen Dinge vorhanden sind, können wir ohne Schlaf nicht leben. Mit anderen Worten: ohne Ki kann der Mensch nicht leben.

Wenn wir tagsüber den Einen Punkt im Unterbauch halten und unser Ki in ständigem aktiven Austausch mit dem Ki des Universums ist, fühlen wir uns wohl. Aber wenn wir uns keine Pause gönnen, erschöpfen wir unseren Vorrat an Ki, und es steht uns nicht mehr genügend davon zur Verfügung. Wir brauchen Schlaf, um den Vorrat wieder aufzufüllen.

Menschen, die während des Tages einen lebendigen Ki-Fluß aufrechterhalten, nehmen nachts, wenn sie schlafen, auch lebendiges Ki auf. Entsprechend nehmen Leute, deren Ki-Fluß tagsüber schwerfällig ist, auch nachts nur schwerfällig Ki auf, was dazu führt, daß sie schlecht schlafen. Das heißt: jemand, der wie ein Gesunder schläft, besitzt einen aktiven Ki-Fluß und wird immer gesünder, wogegen ein kränkelnder Mensch, der einen schwachen Ki Fluß hat, immer schwächer wird.

Erschreckend viele sonst ganz normale Menschen bringen der Notwendigkeit von Schlaf zur Versorgung mit frischem Ki nur Verachtung entgegen. Sie mißachten die Notwendigkeit der Schlafenszeit, werden so nicht ausreichend mit Ki versorgt, erkranken und zerstören den Fluß ihres Ki. Schließlich können sie ohne Schlaftabletten kaum noch schlafen. Sorglos verkürzen sie damit ihr Leben.

Wer die Ki-Prinzipien in korrekter Weise lernt und daher immer den Einen Punkt im Unterbauch hält und den ganzen Tag lang lebendiges Ki fließen läßt, wird auch in der Lage sein, seinen Kopf am Abend auf das Kissen zu legen und innerhalb einer halben bis einer Minute tief zu schlafen. Und wenn Sie darüber hinaus tagsüber zehn oder fünfzehn Minuten frei haben und schlafen wollen, können Sie dies jederzeit und tief. Allein dadurch, daß Sie munter aufwachen, den ganzen Tag über Ki fließen lassen und Ihren Vorrat an Ki über Nacht wieder auffüllen, können Sie den Weg des Lebens in Glück und Gesundheit beschreiten.

Ich habe einmal ein paar Tage bei einem Arzt verbracht, der vor dem Schlafengehen immer ein Medikament einnahm. Als ich fragte, wofür das sei, sagte er: »Das ist ein Schlafmittel.« Darauf fragte ich ihn, ob Schlafmittel denn nicht schädlich für den Körper seien. Er meinte, er sei sich der schädlichen Nebenwirkungen voll bewußt, könne aber ohne sie nicht schlafen. Er könne auch nicht aufhören, die Tabletten zu nehmen, da er Schlaf brauche, um am nächsten Tag arbeiten zu können. Anfangs habe eine Tablette pro Nacht genügt, jetzt aber brauche er zwei. Ich fragte ihn, ob er eine Methode ausprobieren wolle, ohne Tabletten zu schlafen. Er wollte gern.

Tags darauf erklärte ich ihm die Ki-Prinzipien. Ich zeigte ihm auch, wie der Geist den Körper lenkt, wieviel Kraft man aus der Einheit von Geist und Körper schöpfen kann und daß das Halten des Einen Punktes von essentieller Bedeutung für die Einheit von Geist und Körper ist. Als er sich zum Schlafen fertigmachte, sagte ich ihm, er solle an diesem Abend zu Bett gehen, ohne ein Medikament einzunehmen. Selbst wenn er eine Nacht nicht schlafen könne, würde ihn das nicht umbringen. Er würde schlafen, wenn er müde sei, und falls er nicht schlafen könne, wäre das nicht schlimm, denn er könne sich ja am nächsten Tag freinehmen. »Versuchen Sie, die ganze Nacht über wach zu bleiben«, sagte ich. »Wenn es Ihnen langweilig wird, herumzuliegen und nichts zu tun, so üben Sie den Einen Punkt im Unterbauch, wie Sie es heute gelernt haben. Zehn Minuten geben Ihnen die Kraft von zehn Minuten, und wenn Sie die ganze Nacht üben, können Sie eine Menge Kraft ansammeln. Schließlich können Sie doch die Zeit genauso gut nutzbringend verwenden, wenn Sie schon nicht schlafen können. Legen Sie sich nur flach auf den Rücken, strecken Sie Arme und Beine bequem aus, und üben Sie, Ihren Geist im Einen Punkt im Unterbauch zu konzentrieren.«

Dann erklärte ich ihm, daß er auf folgendes achten müsse: »Menschen, die nicht schlafen können, leiden gewöhnlich daran, daß Ihnen das Blut in den Kopf steigt. Der Kopf wird heiß, Hände und Füße dagegen kalt. Wann immer Sie das Gefühl haben, daß Ihr Kopfkissen zu heiß ist, sammelt sich Ihr Blut im Kopf. Durch das Denken kann man das ändern. Sie müssen nur Ihren Geist im Einen Punkt im Unterbauch ruhen lassen und mit ganzem Herzen denken, daß Ihr Blut von dieser Stelle aus bis in die Zehenspitzen beider Füße fließt. Durch das Denken können Sie Ihr Blut in die Füße schicken und sie so warm machen, wie es überhaupt möglich ist. Morgen werden Sie dann feststellen, wieviel Kraft Sie entwickeln können, wenn Sie den Einen Punkt im Unterbauch benutzen.« Mit dieser abschließenden Bemerkung verließ ich ihn.

Am nächsten Morgen sagte er, er habe entsprechend meiner Vorschläge intensiv geübt, sei irgendwann eingeschlafen und erst um sieben Uhr aufgewacht. »Normalerweise, wenn ich Schlaftabletten nehme und einschlafe, wache ich bereits gegen vier Uhr wieder auf und kann sicher sein, nicht mehr einschlafen zu können. Aber heute habe ich bis um sieben Uhr wie ein Toter geschlafen.« Glücklich fügte er hinzu, daß er sich seit langem nicht mehr so erfrischt gefühlt habe.

Seit er gelernt hat, ohne Schlaftabletten einzuschlafen, ist er ein begeisterter Anhänger des Ki-Unterrichts.

Gießen Sie etwas Wasser in ein Glas, und rühren Sie gut um. Versuchen Sie dann, so gut Sie können, das Wasser mit den Händen zu beruhigen — Sie werden nur erreichen, daß es sich noch mehr bewegt. Lassen Sie es eine Weile ungestört stehen, und es wird von selbst ruhig werden. Das menschliche Gehirn arbeitet fast auf dieselbe Art. Denken erzeugt Gehirnwellen. Der Versuch, diese durch Denken zu beruhigen, ist sinnlos. Wer nicht schlafen kann und im Wachliegen denkt: »Schlaf' ein, schlaf' ein«, erzeugt noch mehr Unruhe im Gehirn. Dann ist es schwierig, einzuschlafen, denn durch den Versuch selbst denkt man ständig daran und erregt seinen Geist. Zuerst sorgt man sich mit Gedanken wie: »Wenn ich nicht genügend Schlaf bekomme, kann ich morgen nicht arbeiten«, dann kommen einem noch nutzlosere Überlegungen wie: »Der und der hat heute etwas Häßliches über mich gesagt«, bis es ganz unmöglich wird zu schlafen. Liegen Sie ganz ruhig, wenn Ihr Geist aufgewühlt ist, und er wird sich von selbst beruhigen. Mit der Ruhe kommt der Schlaf. Der alte Brauch, so lange bis zehn zu zählen, bis man einschläft, arbeitet auf derselben Grundlage. Beim Zählen bis zehn müssen Sie nicht nachdenken, durch die mechanische Wiederholung der Zahlen beruhigt sich Ihr Geist, und Sie schlafen ein.

Aber viele Menschen denken, diese Art von simplen Tricks wirke bei ihnen nicht. Zuerst einmal müssen wir fest davon überzeugt sein, daß wir, wenn wir nicht schlafen können, genausogut auch wachbleiben können. Der Mensch kann ohne Schlaf nicht leben — früher oder später wird er daher einschlafen. Wenn Sie nämlich wirklich müde sind, können Sie nicht wachbleiben, aber es ist einfach dumm, sich zu quälen, nur um einzuschlafen. Tun Sie genügend, während Sie wach sind, dann können Sie auch schlafen, wenn Sie ins Bett gehen. Wenn Sie nicht schlafen können, dürfen Sie nicht das Gefühl haben, unbedingt schlafen zu müssen.

Als zweites müssen Sie Ihre Gedanken konzentriert halten. Sind die Gedanken zerstreut wie die Wellen des

Meeres, und Sie wenden sich einer Welle zu, tauchen unendlich viele andere aus anderen Richtungen auf. Konzentrieren Sie aber Ihre Gedanken auf den Einen Punkt im Unterbauch, können Sie andere Gedanken, die Ihnen durch den Kopf gehen, ignorieren und zugrunde gehen lassen wie Gras ohne Wurzeln. Ihr Geist wird ruhig sein, und Sie werden schlafen können.

Zum dritten müssen Sie einen kühlen Kopf und warme Füße bewahren, denn oft steigt das Blut in den Kopf und macht ihn heiß und schwer. Dadurch entsteht in den Füßen Kälte, und Sie können schlecht schlafen. Schon von altersher sagt die Überlieferung, daß es gesund ist, einen kühlen Kopf und warme Füße zu haben. Folgen Sie diesem Rat, und Sie werden selbst bemerken, daß Sie tief schlafen können.

Hierbei müssen Sie üben, Ihre Konzentration zu verlagern und Ihr Ki im Einen Punkt im Unterbauch ruhen zu lassen. Wenn Sie dann all Ihre Gedanken darauf richten, daß das Blut allmählich bis in Ihre Zehenspitzen hinunterfließt, wird dies auch geschehen, Ihre Füße werden warm und Ihr Kopf kühl. Das funktioniert sogar dann, wenn Ihre Füße so kalt sind, daß Sie sie nicht einmal am Feuer erwärmen können. Denken Sie daran, daß selbst wenn Sie Ihr bewußtes Denken umlenken, aber nicht den Einen Punkt im Unterbauch halten, die Wirkung unbedeutend ist. Wenn Ihr Kopfkissen zu warm ist und Sie nicht schlafen können, versuchen Sie es ruhig einmal.

Diese Methode ist wirksam, aber haben Sie keine Eile. Wenn Sie anfangs nicht schlafen können, nutzen Sie die Zeit, und üben Sie den Einen Punkt im Unterbauch.

Nun weiß jeder, daß vor einem wichtigen Ereignis die Aufregung den Schlaf abhält. Obwohl, was jeder zugeben wird, der Körper ohne jede Ruhepause unter Umständen den Dienst verweigert. Wenn Sie dann so vorgehen wie zuvor beschrieben und dennoch nicht schlafen können, dann deshalb, weil sich das Blut so sehr im Kopf angesammelt hat, daß Sie den Einen Punkt im Unterbauch nicht mehr finden können. Nehmen Sie sich in solch einem Fall dreißig Minuten Zeit, und praktizieren Sie die Ki-Atmung. Wenn Sie nicht die Zeit dazu haben, legen Sie sich hin, und üben Sie folgendes:

(1) Liegen Sie auf dem Rücken, strecken Sie Hände und Füße aus, und atmen Sie durch die Nase zur Magengrube hin ein. Konzentrieren Sie den Atem und auch Ihre körperliche Kraft im Einen Punkt im Unterbauch. Verharren Sie fünf Sekunden so, und denken Sie mit ganzer Macht daran, das Blut in die Zehenspitzen zu schicken.

(2) Halten Sie Ihr Ki weiter im Einen Punkt im Unterbauch, entspannen aber Ihren Körper und atmen durch die Nase aus. Dabei denken Sie die ganze Zeit daran, das Blut in Ihre Zehenspitzen zu schicken. Halten Sie also beim Ein- und beim Ausatmen Ihr Ki im Einen Punkt, und hören Sie nicht auf, Ihr Blut nach unten fließen zu lassen.

Wiederholen Sie dies mehrmals; halten Sie den Einen Punkt, und entspannen Sie Ihren gesamten Körper. So werden Sie in der Lage sein, den Einen Punkt richtig zu halten. Haben Sie die Beherrschung des Einen Punktes erst einmal verbessert, können Sie mit der zuvor beschriebenen Übung beginnen.

Wenn Sie dies jeden Abend praktizieren, können Sie nicht nur nachts, sondern auch tagsüber jederzeit gut schlafen, sobald Sie wollen, gleichgültig wie laut es ist oder welch wichtiges Ereignis Ihnen bevorsteht. Wenn Sie sich fünf oder zehn Minuten zum Schlafen nehmen, anstatt zu versuchen, ein müdes Gehirn noch mehr zu ermüden, können Sie viel besser denken.

Jeder, der nicht schlafen kann, wird den beneiden, der mit den Worten ›Entschuldigen Sie mich für ein paar Minuten‹ zu einem kurzen Nickerchen einschlafen kann. Es ist ein Segen und wichtig für gute Gesundheit, jederzeit schlafen zu können.

Ihr Ki im Einen Punkt im Unterbauch ruhen zu lassen und Ihren Geist zu sammeln, hat zudem folgende Bedeutung: Wenn Sie schlafen, bleibt Ihr Geist unbewußt gesammelt, so daß Sie im Moment des Erwachens hellwach aufspringen können. Menschen, die nicht tief schlafen, wachen träge auf, Ihr Geist ist in Unordnung, und sie lungern ziellos im Bett herum. So erzählt man von einem Samurai, der im gleichen Moment, als ein Einbrecher Hand an ihn legen wollte, aufwachte und diesen niederstreckte. Er konnte das, weil sein Geist sogar im Schlaf gesammelt war und dadurch immer bereit, augenblicklich aufzuwachen.

Kapitel 12

Das Unbewußte

Selbsterziehung ist noch wirkungsvoller, wenn wir unseren Schlaf gut nutzen, die Zeit also, in der wir unseren Bedarf an frischem Ki aus dem Universum erhalten. Ungefähr ein Drittel unseres Lebens verbringen wir schlafend. Ob wir diese Zeit nutzbringend anlegen oder nicht, macht einen großen Unterschied für die Art des Lebens, das wir leben. Die Übung im Dōjō (Übungsraum) ist nicht das gesamte Ki-Training. Wir müssen 24 Stunden am Tag üben können, im Schlaf ebenso wie im Wachzustand.

Jeder hat irgendwelche Gewohnheiten. Es ist nicht notwendig, lustige und harmlose Gewohnheiten abzulegen. Aber wir müssen unbedingt mit den Angewohnheiten brechen, die Irrtümer, Leid und Mißhelligkeiten verursachen. Denn Gewohnheiten wie leicht wütend zu werden, zu schnell irgendwelcher Dinge überdrüssig zu werden, Melancholie und Ultra-Konservativismus können große Hindernisse sein, die wir korrigieren sollten. Es lohnt sich nicht, so anmaßend zu sein und Gewohnheiten damit zu verteidigen, daß Sie sagen, Sie hätten sich eben an sie gewöhnt oder man könne zum Beispiel dies oder jenes unmöglich ertragen, ohne wütend zu werden. Es ist auch nicht angebracht, pessimistisch zu sein und zu denken: »Ich tauge ohnehin zu nichts, was macht das also noch aus?« Wenn Sie schlechte Angewohnheiten ändern wollen, können Sie es auch.

Unser Bewußtsein, unser normales Denken, beinhaltet Sätze wie: »Das ist eine Schachtel Zigaretten.« Wenn wir aber eine Schachtel Zigaretten sehen, ist in unserer bewußten Wahrnehmung jede Erfahrung enthalten, die wir jemals im Zusammenhang mit Zigaretten hatten: Vorstellungen von der Marke etwa, dem Preis, der Stückzahl pro Packung und vom Geschmack werden alle in das Bild mit aufgenommen. Diese Ansammlung vergangener Erfahrungen ist das Unbewußte. Das bedeutet, daß bei der Wahrnehmung eines Gegenstandes Informationen aus dem Unbewußten, die damit in Zusammenhang stehen, das Bewußte formen. Jemand, der noch nie Zigaretten gesehen, noch nie von ihnen gehört hat, besitzt im Unbewußten auch keine Informationen über sie, die er heranziehen kann, und wenn er sie sieht, bildet sich daher auch nicht sofort die Vorstellung: »Das ist eine Schachtel Zigaretten.« Er kann nur sagen: »Hier ist etwas Viereckiges« und sich dann durch Anschauen und Berühren ein allgemeines Erfahrungsbild machen.

Ähnlich ist es mit Worten. Jeder, der ein bestimmtes Wort hört, besitzt einen großen Vorrat an unbewußtem Material, das dieses Wort betrifft. Auf diese Weise

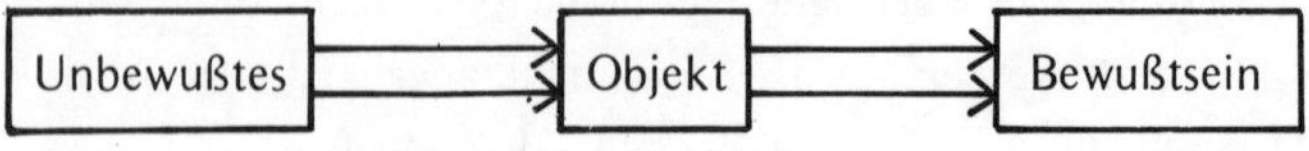

ergeben sich äußerst unterschiedliche Interpretationen dieses Wortes.

Das Bewußtsein ist das Haus, das Unbewußte das Lager für das Baumaterial. Mit anderen Worten, das Unbewußte ist der Vorratskeller des Denkens, in dem alles Wissen und jede Erfahrung gespeichert ist.

Aus verbrannten Pfosten wird niemals ein gutes Haus. Um gut bauen zu können, benötigen Sie gutes Material. Genauso müssen Sie gutes Material in Ihrem Unbewußten vorrätig haben, um ein gutes Bewußtsein zu schaffen. Wenn Sie nur Material haben, wütend zu werden, gleichgültig, was Sie sehen oder hören, werden Sie sich auch entsprechend verhalten. Dann kann es auch nicht funktionieren, sich zu befehlen, ruhig zu werden, denn das vorhandene Material drängt sich in den Vordergrund, und so haben Sie keine Möglichkeit, sich zu beherrschen. Man neigt dann dazu, die Schuld auf irgend etwas abzuwälzen und zu sagen: »Ich bin eben so geboren« oder: »Ich tauge ja ohnehin zu nichts.«

Man kann ein Kind, das etwas Schlechtes getan hat, keinesfalls dadurch bessern, daß man es mit den Worten schimpft: »Das habe ich Dir doch bereits gesagt.« Obwohl es versteht, daß es etwas falsch gemacht hat, ändert sich sein Bewußtsein nicht, und es faßt den Tadel möglicherweise falsch auf. So kann es sein, daß es schließlich aufgibt und zu der Überzeugung gelangt, es sei ohnehin ein Taugenichts und anfängt, noch viel schlimmere Dinge zu tun.

Wir können schlechte Gewohnheiten nur dann ganz

aufgeben, wenn wir zuerst das Unbewußte vollständig geändert haben.

Viele Menschen glauben, es sei unmöglich, das Unbewußte zu ändern. Entweder kennen sie keinen Weg, um es zu verändern, oder wenn sie einen kennen, geben sie ihn nach kurzem Ausprobieren wieder auf, wenn sie keinen unmittelbaren Erfolg sehen. Daraus ziehen sie den Schluß, es sei unmöglich, sich selbst zu ändern, oder man könne schlechte Angewohnheiten eben nicht abstellen.

Gibt man in eine Tasse Tee einen Tropfen reines Wasser, so ändert das weder seine Farbe noch seinen Geschmack. Zwei Tropfen bewirken nur wenig mehr, aber wenn wir Tropfen für Tropfen so weitermachen, werden sich sicher sowohl Farbe als auch Geschmack ändern.

Man zieht häufig den voreiligen Schluß, es sei unmöglich, das Unbewußte zu ändern, weil ein oder zwei Tropfen Anstrengung es tatsächlich nicht ändern können. Aber letztlich wird es so sein wie bei der Tasse Tee. Es wird sich ändern, wenn wir nur nicht aufhören, uns zu bemühen.

Jeder unterliegt Einflüssen von außen, die auf ihn wirken. Bei schönem Wetter fühlen wir uns gut, doch wenn der Himmel bewölkt ist, verzagt man leicht. Ein Lob macht uns froh, Tadel macht uns traurig. Bestimmte Eigenschaften der Völker wechseln von Land zu Land. Geschichten, Sitten, Bräuche, Klima und Landschaft haben alle eine Wirkung und bedingen die Unterschiede der Menschen aus unterschiedlichen

Ländern. Alle diese Verschiedenheiten sind das Ergebnis äußerer Einflüsse.

Im allgemeinen wirkt die Farbe grün entspannend und rot aufregend. Spanische Stiere sind nicht die einzigen Lebewesen, die durch den Anblick von Rot gereizt werden. Vor langer Zeit haben Behörden, um Verbrecher zu überführen, alle Verdächtigen in einen rot gestrichenen Raum gesperrt. Der wirkliche Täter sah nichts als rot, wohin er auch schaute. Er hatte keine Erleichterung, und selbst wenn er die Augen schloß, sah er nur rot. Bis er schließlich fast verrückt wurde und sich zu erkennen gab ...

Im Gegensatz dazu pflanzt man in den Städten Bäume, da ihr Grün Erholung gibt, und wir fahren aufs Land, weil das Grün unseren Geist beruhigt. Unser gegenwärtiges Unbewußtes ist das Ergebnis einer langen Reihe bewußter Erfahrungen mit den Dingen und Ereignissen unserer Umgebung. Selbstverständlich sind da mehr als ein oder zwei Tropfen Anstrengung nötig, um unser Unbewußtes inhaltlich zu verändern.

Um diese Veränderung des Unbewußten zu bewirken, müssen Sie sich mit aller Willenskraft dazu entschließen, von diesem Augenblick an nur noch gutes Material in sich aufzunehmen. Obwohl Sie bisher unvorbereitet waren und alles einfach so in sich aufgenommen haben, wie es war, sollten Sie von jetzt an nur das Gute heraussuchen und alles Übrige wegwerfen. Der Wille ist die Gabe des Menschen, auszuwählen und zu verwerfen.

Es existieren sowohl schwache als auch starke Einflüsse. Ein schwacher Einfluß dringt möglicherweise zunächst nicht allzu tief in unser Unbewußtes. Aber durch die Wiederholung über einen langen Zeitraum hinweg kann er an Stärke gewinnen. Der junge Mensch, der glaubt, er sei so gefestigt, daß ihm schlechter Umgang nicht schaden könne, wird nach einiger Zeit feststellen, daß schlechte Einflüsse Früchte tragen, wenn sie nur oft genug wiederholt werden. Wer Teer berührt, wird von ihm beschmutzt.

Starke Einflüsse dringen tief in das Unbewußte ein. Ein schreckliches Feuer, das jemand in seiner Kindheit gesehen hat, kann noch zehn oder zwölf Jahre später Träume von Feuersbrünsten verursachen. Die dem Unbewußten eingepflanzte Furcht vor Feuer bleibt für viele Jahre bestehen. Genauso kann sich aber ein schlechter Mensch, der mit einem besonders guten zusammentrifft, vollständig zum Besseren verändern.

Da Sie zweifellos sehen können, daß äußere Einflüsse eine starke Wirkung auf das Unbewußte haben, werden Sie auch sicherlich zustimmen, daß wir, soweit es die Umstände erlauben, schlechten Umgang meiden und die Nähe großer und guter Menschen suchen sollten.

Unglücklicherweise besteht die Welt aber nicht nur aus Menschen, die in einer gesegneten Umgebung leben. Im Gegenteil. Die meisten Menschen scheinen in einer so schlechten Umwelt zu leben, daß sie nirgendwo jemanden finden können, dem sie Vertrauen schenken dürfen. Sie schieben die Schuld einer schlechten Gesellschaft und einer schlechten Umwelt zu und betrachten es als natürlich, daß sie selbst böse werden.

Gleichgültig, wie die Umgebung ist, wir müssen unsere eigene Persönlichkeit aufbauen. Alles einer schlechten Gesellschaft oder der schlechten Umwelt in die Schuhe zu schieben, kommt dem Politiker gleich, der sich angeblich dem Frieden verschrieben hat, aber im Innersten glaubt, daß die Welt nicht zu retten ist. Jeder Mensch ist für sich selbst verantwortlich, und das Universum hat jedem die Mittel gegeben, sich dieser Verantwortung zu stellen.

Das Mittel hierzu ist die Schulung Ihres Ki: halten Sie immer den Einen Punkt im Unterbauch, und lassen Sie ununterbrochen positives Ki fließen. Dann wird Ihr Geist so stark, daß er schlechten Einflüssen nicht erliegt. Negatives Ki macht alles negativ und bringt negatives Material ins Unbewußte, aber positives Ki ermöglicht es, alles in Positives umzuwandeln, und es fügt dem Unbewußten positive Einflüsse hinzu. Wenn Sie sich entschließen, von heute an alle negativen Elemente fernzuhalten und Ihrem Unbewußten nur noch positive hinzuzufügen, können Sie, Bemühung um Bemühung, Tropfen um Tropfen, den Inhalt Ihres Unbewußten verändern. Schließlich werden Sie den göttlichen Geist bekunden, Ihren Verstand, Ihren Tier-Geist, Ihren Pflanzen-Geist und den Geist Ihrer Materie dem göttlichen Geist unterordnen und jenes Reich betreten, in dem all Ihre schlechten Angewohnheiten zu guten gewendet sind und Sie den Anweisungen dieses Geistes folgen und seine Ordnung niemals verletzen.

Wie dem auch sei, es ist nur menschlich, hin und wieder träge oder nachlässig zu sein, aber genau dann dringt eben das Schädliche, das einem begegnet, wenn auch vielleicht nur ein wenig, in das Unbewußte ein. Unternehmen wir gegen das Schlechte nichts, so breitet es sich aus wie Gewitterwolken im Sommer, bis unser ganzes Wesen verdunkelt ist.

Manchmal geht uns eine unbedeutende Kleinigkeit dermaßen auf die Nerven, daß wir nur noch in Wut geraten können. Da solche Dinge sehr stark auf das Unbewußte wirken und sie, wenn man sie sich selbst überläßt, wachsen wie jene Gewitterwolken, sollten wir sie im Keim ersticken. Es ist einfach, diesem Gefühl ein Ende zu bereiten, wenn es noch frisch ist, aber hat es sich erst breitgemacht, erfordert es ungeheure Anstrengung, es zu beseitigen. Wenn Ihnen also ein solcher Gedanke in den Sinn kommt, atmen Sie scharf und kräftig mit ›Hah‹ aus, spucken Sie den Gedanken aus, und wenden Sie sich sofort Gedanken mit positivem Ki zu.

Wenn Sie sich zum Beispiel zum Weggehen fertigmachen und plötzlich das Gefühl bekommen, daß sich etwas Schlimmes ereignen wird und Sie diesem Gefühl freien Lauf lassen, wird Ihr Ki immer negativer, und Sie werden immer mehr davon überzeugt sein, daß tatsächlich etwas Schlimmes geschehen wird. Höchstwahrscheinlich wird es dann auch so sein. Sie können das Gefühl rechtfertigen und sagen, Sie hätten sich vor dem Weggehen unwohl gefühlt und es sei wahrscheinlich eine Vorahnung gewesen. Natürlich ereignen sich Vorahnungen, aber in vielen Fällen führen wir selbst das Unglück herbei.

Wenn so etwas geschieht, atmen Sie kräftig aus, als ob Sie den Gedanken ausspucken wollen, und unterbrechen Sie seinen Fluß sofort. Sagen Sie sich: »Ich muß jetzt weggehen. Ich muß Vertrauen haben, denn genügend positives Ki wird Positives anziehen und mir helfen, das Negative zu umgehen.« Wenden Sie Ihr Ki ins Positive, und verhindern Sie, daß negatives Ki die Möglichkeit hat, in Sie einzudringen. Achten Sie besonders sorgfältig darauf, daß Sie Ihr positives Ki aufrechterhalten, denn Vorahnungen ereignen sich tatsächlich. Wir kennen einen Fall, bei dem ein Polizist, der jemanden verhaften sollte, sich plötzlich unwohl fühlte, jedoch gleich sein Ki ins Positive wendete und wie durch ein Wunder dem Pistolenschuß des Verbrechers haarscharf ausweichen konnte.

In Japan war diese Methode lange als eine ›geheime‹ Atemtechnik berühmt, um sich von schlechten Dingen zu befreien.

Ein anderer Mann, der lange nichts gegen sein aufbrausendes Temperament tun konnte, atmete jedes Mal kräftig aus, wenn er merkte, er würde gleich wütend werden, stand von seinem Platz auf und verließ kurz den Raum. Draußen wandelte er seine Gedanken in positive um und ging dann wieder hinein. Auf diese Weise überwand er seine schlechte Gewohnheit. Vertrauen erzeugt Kraft, und diese Atemmethode erfordert Vertrauen.

Wenn Sie in Begleitung anderer sind, kann eine kraftvolle Ausatmung unter Umständen als störend empfunden werden. Dann ist es genauso wirksam, den

Einen Punkt im Unterbauch eine Zeitlang anzuspannen.

Wir haben bisher davon gesprochen, nur gute Einflüsse ins Unbewußte hineinzulassen, während wir wach sind. Aber es ist auch wichtig, daß wir beim Schlafen dasselbe tun, denn wir können es nicht zulassen, daß während des einen Drittels unseres Lebens, das wir schlafend verbringen, Schlechtes in unser Bewußtsein eindringt.

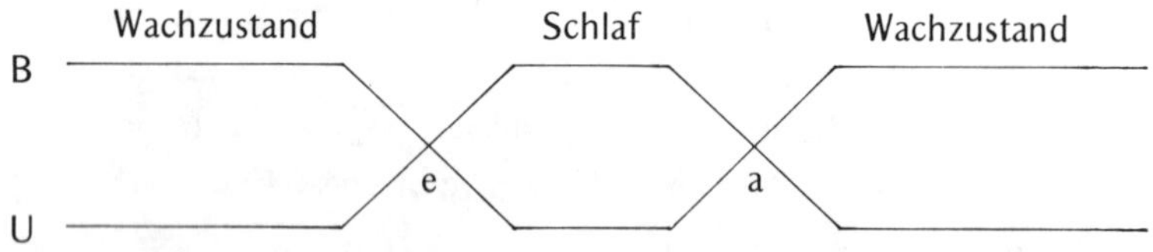

In obiger Skizze steht B für das Bewußte, U für das Unbewußte, e für den Moment des Einschlafens und a für den des Aufwachens.

Wenn man wach ist, befindet sich das Bewußtsein an der Oberfläche, und das Unbewußte ist verdeckt. Im Moment des Einschlafens kreuzen sie sich, wodurch das Unbewußte an die Oberfläche kommt. Träume sind Bilder aus dem Unbewußten, Bilder von Dingen, die irgendwann einmal ins Unbewußte gelangt sind. Beim Aufwachen kreuzen sich die beiden erneut, und das Bewußte gelangt wieder an die Oberfläche. Obwohl es so scheint, daß das Bewußte und das Unbewußte sich am Punkt e vollständig austauschen und eine Beeinflussung während des Schlafens unmöglich ist, ist es in

Wirklichkeit anders. Ein Teil des Bewußten bleibt zurück, um mit dem Unbewußten aktiv zusammenzuarbeiten. Zum Beispiel wird jemand, der tagsüber beinahe von einem Auto überfahren worden wäre, ständig vom Überfahrenwerden träumen. Am Abend vor einer Prüfung träumt ein Student, der mit seiner Arbeit sehr beschäftigt ist, durchzufallen. Starke Einflüsse des Tages wirken also über den Punkt des Einschlafens hinaus weiter und arbeiten mit dem Unbewußten zusammen. Noch wirkungsvoller wird ein Einfluß, wenn er unmittelbar am Punkt e auftritt, also wenn man gerade beginnt, einzuschlafen. Jemand, der gerne zum Angeln geht und vor dem Einschlafen denkt: »Ich muß um drei Uhr aufwachen, um Angeln zu gehen«, wird, obwohl er normalerweise bis acht oder neun Uhr schläft, um drei Uhr hellwach sein, ohne daß er geweckt wird. Vor langer Zeit, als man in Japan noch keine Uhren benutzte, rieb jemand, der zu einer bestimmten Zeit aufwachen mußte, dreimal über sein Kopfkissen und bat es, ihn um soundsoviel Uhr zu wecken. Er wachte dann auch zur gewünschten Zeit auf, denn er glaubte daran, daß ihn das Kopfkissen wecken würde. Natürlich war das Aufwachen in Wirklichkeit das Ergebnis einer Autosuggestion, die mit seinem Unbewußten zusammenarbeitete.

Manche haben, wenn sie schlafen, schlechte Gedanken. Diese Gedanken sind im Unbewußten aktiv und fördern das schlechte Material in diesem. Wir sollen unsere Herzen daher stets reinigen und nur schöne und angenehme Gedanken im Schlaf haben. Die beste Methode dafür ist, vor dem Zubettgehen die oben beschriebene Ki-Atmung fünfzehn oder zwanzig Minuten lang zu praktizieren. Wenn Sie den Einen Punkt im Unterbauch halten und mit dem erfrischenden positiven Ki des Einsseins mit dem Universum schlafengehen, wird dieses Gefühl ständig auf Ihr Unbewußtes wirken und bei dessen Veränderung äußerst wirkungsvoll sein. Wenn Sie beim Schlafen Ki üben, erwachen Sie am nächsten Morgen mit einem ausreichenden Vorrat an positivem Ki. Natürlich sind die Einschlafmethoden, die wir erörtert haben, nicht nur einfach Einschlafmethoden, sondern dienen auch dazu, den Einen Punkt im Unterbauch zu halten und das Unbewußte wirksam zu beeinflussen.

Wenn das Material Ihres Unbewußten reich an positivem Ki ist, wird sich der Inhalt Ihrer Träume ändern. Träume wie der, daß Sie die Beine nicht mehr von der Stelle bewegen können, daß Sie von Wölfen gejagt werden oder daß Sie Selbstmord begehen wegen einer verlorenen Liebe, treten nicht mehr auf. Statt negativer Alpträume träumen sie, daß der angreifende Wolf sich umdreht und vor Ihnen flieht.

Wir müssen immer bedenken: Wenn wir negative Träume haben, lassen wir im Unbewußten eine große Menge negativen Materials zurück. Behalten Sie im Kopf, daß, wenn man von Feigheit träumt, man diese Saat in seinem innersten Herzen aussät, mag man sich auch nach außen noch so kühn geben. Wenden Sie Ihr ganzes Ki ins Positive, so haben Sie nur positive Träume, und Sie fühlen sich wohl, wenn Sie aufwachen.

Da wir wissen, daß am Punkt e, an dem sich das Bewußte und das Unbewußte kreuzen, ein Teil des Bewußten im Schlaf weiterwirkt, und da wir verstehen, daß die Einflüsse, die im Moment des Einschlafens auftreten, die wirkungsvollsten sind, können wir von diesem Wissen Gebrauch machen, um unsere schlechten Angewohnheiten zu korrigieren.

Wenn wir uns einmal im Ki-Training geschult haben und so weit Fortschritte gemacht haben, daß der göttliche Geist sich zeigt, können wir zwar unsere schlechten Gewohnheiten einfach vergessen, weil sie von selbst verschwinden, aber viele, die noch auf dem Weg des Fortschreitens sind, machen sich wegen ihnen noch viele Gedanken.

So kann zum Beispiel jemand, der wegen einer Kleinigkeit wütend wird und mit dem Training aufhört, sagen, daß er wegen seiner schlechten Gewohnheiten aufgehört hat. Aber es gibt in Wirklichkeit keinen Grund dafür, daß man damit aufhört, sich zu üben und zu verbessern. Wer zu einem solchem Verhalten neigt, wird die folgende Übung sehr nützlich finden. Es ist eine Methode, die ich von meinem Lehrer Tempu Nakamura als junger Mann gelernt habe. Er hat sie selbst am Fuße des Himalaya geübt und kehrte dann nach Japan zurück, um mehr als sechzig Jahre lang die Einheit von Geist und Körper zu lehren. Er starb im Alter von über neunzig Jahren.

Nehmen Sie einen Spiegel beliebiger Größe.

(1) Betrachten Sie sich aufmerksam und ernsthaft eine Minute lang im Spiegel.

(2) Befehlen Sie dem Gesicht im Spiegel mit großer Bestimmtheit, starke Willenskraft zu haben.

(3) Nach diesen wenigen Worten gehen Sie sofort zu Bett. Sie müssen Ihren Geist darauf einstellen, sofort schlafen zu gehen, ohne noch irgend etwas anderes zu tun.

Da sie nur eine Minute dauert, kann jeder diese Übung machen, aber sie muß ernsthaft und jeden Abend gemacht werden. Man darf keine Pause einlegen.

Bei (1) blicken Sie in den Spiegel, um Ihren Willen auf Ihr Spiegelbild zu konzentrieren. Tun Sie dies ernsthaft, damit die Wirkung stark wird.

Es wäre zu schwach, sich bei (2) nur zu sagen, man sollte *versuchen*, mehr Willenskraft zu entwickeln. Wenden Sie sich dem Gesicht im Spiegel zu, und befehlen Sie ihm, einen starken Willen zu haben. Da der entscheidende Befehl sowohl von Ihrem wirklichen Selbst als auch von Ihrem Spiegelbild kommt, verdoppelt sich die Wirkung.

Geben Sie insbesondere nur einen einzigen Befehl, denn wenn man gierig mehrere Reize setzt, schwächt dies die Wirkung jedes einzelnen, und wenn Sie eine Idee zwei- oder dreimal wiederholen, machen Sie sie oberflächlich und schwach.

Erwarten Sie von dieser Übung keine sofortigen und unmittelbaren Ergebnisse. Erinnern Sie sich daran, was wir über das tropfenweise Hinzufügen von klarem Wasser gesagt haben, um die Farbe einer Tasse Tee zu ändern. Wenn Sie einmal damit angefangen haben, machen Sie damit jeden Abend so lange weiter, bis Sie Ihr Ziel erreicht haben. Schließlich dauert es nur eine Minute. Sie können keinen Grund finden, es nicht tun zu *können*.

Wenn es auch sechs Monate dauern kann, eine Gewohnheit zu ändern, ist das nicht lange, wenn Sie bedenken, daß Sie diese Gewohnheit sonst vielleicht für den Rest Ihres Lebens mit sich herumgeschleppt hätten. Zum Glück besitzen die Menschen die Gabe der Anpassungsfähigkeit. Wenn sie die Art von Autosuggestion anwenden, über die wir gesprochen haben, passen Sie sich dieser an, und Sie werden später in fünf Monaten, drei oder sogar nur einem Monat das erreichen, wozu Sie ursprünglich sechs Monate benötigten. Letztlich kommen Sie dahin, daß sich die Ergebnisse schon am nächsten Tag zeigen.

Wir haben hier nur eine Autosuggestion, die Sie praktizieren können, erwähnt, aber Sie können das Prinzip auf alles anwenden, was Sie wollen. Wenn Sie zum Beispiel aufhören wollen zu rauchen und glauben, daß Sie es nicht können, suggerieren Sie sich einfach, daß Sie Zigaretten hassen. Solange Sie etwas mögen, ist es schwer, damit aufzuhören, auch wenn Sie sich sehr anstrengen. Tragen Sie aber in Ihrem Unbewußten den Gedanken, daß Sie Rauchen oder sonst etwas wirklich hassen, können Sie leicht damit aufhören.

Benutzen Sie nur positiv formulierte Suggestionen, und geben Sie einen entschlossenen Befehl.

Manchmal gibt man Leuten, die sich oft betrinken und sich dann lächerlich machen, Zusätze ins Glas, von denen ihnen übel wird. Wenn derjenige dann wieder ein alkoholisches Getränk sieht, empfindet er Widerwillen, weil nämlich ein mit körperlichem Leiden verbundener heftiger Ekel gegenüber Alkohol tief in sein Unbewußtes eingedrungen ist. Sie brauchen jedoch nicht so weit zu gehen, sondern Sie können die Methode der Autosuggestion benutzen, um Gewohnheiten zu ändern, mit denen Sie brechen wollen.

Ein Mensch, der stottert, hat kein physisches Hindernis in seinem Mund. Er stottert, weil er unbewußt davon überzeugt ist, daß er stottert. Wenn diese Überzeugung stark genug ist, kommt das unbewußte Material an die Oberfläche. Er sollte sich sagen, daß er dem Stottern überhaupt keine Aufmerksamkeit schenken darf. Wenn er es nicht beachtet, kann er sich mit jemandem genauso frei unterhalten, ohne zu stottern, wie er auch singen kann, ohne zu stottern.

Bei älteren Kindern, die immer noch bettnässen, ist es gut, in ihr Unbewußtes den Gedanken einzupflanzen, daß sie aufwachen, wenn sie Wasser lassen müssen. Wenn es dann nötig ist, wacht das Kind genauso sicher auf wie der Angler am frühen Morgen, wenn er zum Angeln gehen will. Ein Kind, das ins Bett macht, obwohl es wach ist, ist nicht das Opfer einer Gewohnheit, sondern ein fauler Balg.

Wenn Sie diese verschiedenen Autosuggestionen ernsthaft durchführen, wird es bald weniger als sechs Monate dauern, um schlechte Gewohnheiten zu ändern.

Gewohnheiten, die mit dem Temperament zusammenhängen, sind allerdings schwerer zu ändern und erfordern noch größere Ernsthaftigkeit.

Wenn wir einmal verstanden haben, wie stark Einflüsse auf uns wirken, sollten wir auch sorgfältig darauf achten, nur positive Worte zu gebrauchen. Ohne es überhaupt zu merken, kann ein sorglos dahingesagtes Wort in das Unbewußte eindringen. Es ist absolut falsch, Dinge wie ›ich tauge zu nichts‹ oder ›ich kann nicht‹ zu sagen, denn dadurch machen Sie nichts Gutes aus sich.

Wenn Sie bescheiden sein wollen, ist es besser, Worte wie ›ich bin noch nicht so, wie ich sein sollte‹ zu gebrauchen. Denn dies beinhaltet, daß man reifen wird und sich für die Zukunft Möglichkeiten offenläßt. Wir müssen auch sehr vorsichtig sein mit dem, was wir anderen Menschen sagen, denn es ist nicht nett, schlechte Einflüsse zu bewirken.

Manche Eltern sagen, wenn sie ihre Kinder ausschimpfen: »Du hast das schon wieder gemacht! Was bist Du doch für ein böses Kind!« Wenn sie immer wieder Worte wie diese gebrauchen, wird das Unbewußte des Kindes vollständig davon überzeugt werden, daß es tatsächlich böse ist. Und wenn sich einmal nur noch schlechtes Material im Unbewußten des Kindes ansammelt, wird es tatsächlich böse werden, und es wird zu spät sein, irgend etwas dagegen zu tun. Wenn es nötig ist zu schimpfen, tun die Eltern besser daran, Worte zu gebrauchen wie: »Du bist doch ein gutes Kind, darum darfst du so etwas nicht tun. Mach' das also nicht wieder.« Der Gedanke, daß es gut ist und nicht wiederholen darf, was es getan hat, dringt dann in das Unbewußte des Kindes ein.

Jede Erziehung beinhaltet eigentlich die Änderung des Unbewußten desjenigen, der lernt. Deshalb ist schon der Gedanke daran, Gewohnheiten der Schüler ändern zu wollen, ein Fehler, wenn man nicht in der Lage ist, seine eigenen Irrtümer zu korrigieren. Der einzig wahre Weg, andere zu erziehen, ist der, zuerst die eigenen Fehler zu beseitigen, charakterlich gefestigt zu sein und dann mit Enthusiasmus und Güte das Unbewußte der Schüler zu ändern. Auch wenn es ein Unterschied ist, ob Sie als Lehrer nur mit Wissen hausieren gehen oder ob echte Erziehung ihr Ziel ist, Sie können sich dieser Tatsache nicht dadurch entziehen, daß Sie sagen: »Schließlich sind Lehrer auch nur Menschen.« Sie müssen jede nur mögliche Anstrengung machen, darauf zu achten, daß Sie in jedem Wort und in jedem Satz, den Sie verwenden, gute Einflüsse und gute Ideen vermitteln. Sie müssen die Hingabe haben zu sagen: »Wenn Du Dich selbst verbrennst, wirst du zu einer Flamme. Wenn du eine Flamme wirst, kannst du andere anzünden. Sei stark zu lehren, und sei stark zu führen.«

Unterrichten erfordert Geduld, besonders wenn man Ki unterrichtet. Mag das Gedächtnis des Schülers noch so schlecht sein, wenn er *wirklich* lernen will, können wir es uns nicht leisten, ihn zu übersehen. Ohne im Gesicht Mißfallen zu zeigen, mit Hingabe und Güte müssen wir das, was wir lehren, immer aufs neue wiederholen, bis es in das Unbewußte des Schülers eingedrungen ist.

Kapitel 13

Der einfache Weg

In dem Maße, wie die Welt um uns herum immer komplexer wird, verschlimmert sich unsere nervliche Ermattung. Eine große Zahl von Menschen wird körperlich und seelisch von dieser Komplexität weggespült und erschöpft — ob sie versuchen, sich dagegen zu wehren oder sich einfach dreinfügen.

Doch mag diese Welt auch noch so kompliziert sein, das Universum lenkt alles in genauer Übereinstimmung mit seinen Gesetzen. Wenn wir der großen Straße des Universums folgen, können wir unser Ziel erreichen, ohne uns auf Nebenwegen und Seitenstraßen zu verirren. Wir dürfen uns nicht von Schwierigkeiten verwirren lassen, denn wir folgen einem sehr leichten und einfachen Weg, der uns geradeaus führt.

Die Zahl der psychisch Kranken nimmt ständig zu. Ein Arzt sagte einmal dazu: »Eine ungewöhnlich große Zahl der Patienten im Krankenhaus leidet heutzutage an psychischen Beschwerden. Die Hälfte der Magengeschwüre hat psychische Ursachen. Aber da viele der Ärzte, von denen man erwartet, daß sie diese Kranken behandeln, an denselben Krankheiten leiden, stellt sich die Frage: ›Was können wir tun?‹«

Die zahlreichen Grundfaktoren, die leicht zu psychischen Erkrankungen führen, können wir grob in zwei Kategorien einteilen:

(1) Mangelhafte Kontrolle über das Nervensystem und
(2) Zu viele Gedanken, die man sich über die Kompliziertheit der Welt und über seine eigenen Probleme macht.

Das Zentralnervensystem, das entlang dem Rückenmark zum Gehirn führt, kontrolliert den ganzen Körper, die inneren Organe, die Haut usw. Es leitet Informationen und Reize an das Gehirn, welches dann wieder entsprechend der empfangenen Reize Anweisungen an den Körper gibt.

Wenn man das Gehirn mit dem Hauptquartier eines Kommandostabes vergleicht, können die Nerven Nachrichtenübermittlungsdienst oder Informationsdienst genannt werden. Wenn das Gehirn eine sichere Kontrolle über die Nerven ausübt, sind diese gesund und arbeiten korrekt. Ist das Gehirn erregt, ist es auch die Nachrichtenübermittlung und die Intelligenz, und beide tun, was ihnen gefällt.

Nehmen wir zum Beispiel an, die Haut erhalte den Reiz der Stärke eins. Wenn die Nerven dem Gehirn übermitteln, die Haut habe einen Reiz der Stärke eins erhalten, ist die Nachricht richtig. Sicher ist es keine gewissenhafte Übermittlung, wenn die Nerven berichten, es sei ein Reiz der hundert- oder tausendfachen Stärke aufgetreten.

Wenn Sie Fieber haben und jemand nur Ihr Haar berührt, löst dieses ein Kältegefühl in Ihrem ganzen Körper aus, und ein leichtes Geräusch läßt sie zusammenzucken, weil die Nerven dann entartete Nachrichten übermitteln. Befinden Sie sich inmitten komplizierter

Dinge, Lärm und anderen Reizen, so verstärken Ihre Nerven diese Reize bis hin zu einem Ausmaß, in dem das Gehirn sie nicht mehr ertragen kann. So wird das Gehirn schwächer, die Nerven überempfindlich, und der ganze Teufelskreis geht weiter, bis er möglicherweise zu einem Nervenzusammenbruch führt.

Bei manchen Menschen löst das Ziehen eines Zahnes Blutmangel im Gehirn aus. Da der Arzt seine Patienten in Narkose versetzt, sollte der Schmerz nicht außergewöhnlich groß sein, doch eine ungewöhnliche Information seitens des Nervensystems verursacht eine ungewöhnliche Situation. Manche Menschen geraten, wenn sie sich nur in den Finger schneiden oder angesichts eines sonstigen kleinen Zwischenfalls in helle Aufregung.

Ein kleiner Bach ist ständig in Unruhe, aber es ist schwer, Wellen auf einem tiefen Fluß zu erzeugen. Jemand, dessen Gewicht oben ist und dem das Blut in den Kopf schießt, ist ständig in Unruhe. Dagegen regt den nicht so schnell etwas auf, der ruhig und dessen Gewicht unten ist.

Wenn Sie den Einen Punkt im Unterbauch halten, ständig Ki fließen lassen, sich vollkommen entspannen und in einem natürlichen Zustand bleiben, können Sie Ihre Nerven kontrollieren. Bleiben Sie in einem ruhigen Zustand, der Ihrem Nervensystem sagt: »Laß' mich wichtige Dinge wissen, aber störe mich nicht mit Bagatellen«, und Ihre Nerven werden das Gehirn nicht mit Kleinigkeiten wie einem Schnitt in den Finger belästigen. Es ist möglich, an lauten Orten zu schlafen und trotzdem ein Gehirn zu haben, das die Informationen, die es durch die fünf Sinne erhält, sortiert, beurteilt und entsprechend vernünftige Anweisungen gibt. Wer das kann, braucht sich niemals um etwas wie einen Nervenzusammenbruch zu sorgen.

Da wir nun ein wenig verstehen, wie man das Nervensystem kontrolliert, wenden wir uns der Art zu, wie das Gehirn eigentlich denkt. Würden wir alle Informationen, die das Gehirn erreichen, einfach schlucken, so würde das allein schon genügen, daß die Vielfalt der Welt uns wegfegt. Deshalb müssen wir in der Lage sein, die notwendigen Informationen auszuwählen und nicht Benötigtes zu verwerfen. Wenn wir uns nun fragen, was wir als Maßstab der Beurteilung verwenden können, sehen wir, daß das wirkliche Problem eigentlich darin besteht, diesen Maßstab zu finden.

Der Maßstab sind die Gesetze des Universums. Wenn Sie ihnen folgen, können Sie mit jedem Durcheinander so sicher umgehen, wie das Schwert Alexanders den Gordischen Knoten zerschnitten hat. Dies ist der einfache Weg, auf dem wir durch die komplizierte Welt gehen können. Und da wir diesen Weg, der jeden direkt und einfach zu seinem Ziel führt, in uns besitzen, gibt es keinen Grund, eigensinnig durch enge Nebenstraßen Umwege zu machen. Es ist gut, letztlich sein Ziel zu erreichen, aber tragisch ist es, ein falsches Ziel zu haben, sich zu erschöpfen und unterwegs zu stürzen.

Wir kennen ein universales Gesetz: Der Geist lenkt den Körper. Im Aikidō in Einheit von Geist und Körper (Aikidō mit Ki) führen wir, bevor wir den Partner werfen, zuerst seinen Geist und lenken dann seinen Körper an dieselbe Stelle. Deshalb ist es leicht, ihn zu werfen. Durch die universellen Gesetze gibt es daher auch Wege, mit den vielen Dingen, die uns im Alltag angreifen, leicht umzugehen.

Wenn Sie einmal die Kontrolle über Ihre Nerven erlangt haben und mit jeder Verwicklung leicht umgehen können, ohne durch übermäßigen Ärger belästigt zu werden, wird Sie keine Veränderung in dieser Welt mehr überraschen.

Das menschliche Leben ist wie jemand, der mit einer schweren Last auf seinem Rücken eine lange Straße entlangwandert. Fügen wir der schweren Last, die wir schon tragen müssen, noch etwas hinzu, so laden wir einen Nervenzusammenbruch geradezu ein. Wenn wir aber alles unnötige Gepäck abschneiden, können wir frohlockend durch diese schwierige Welt gehen.

Nehmen wir an, wir haben ein Wasserglas. Jeder kann es leicht mit einer Hand hochheben. Wenn wir aber das Glas festhalten, den Arm aufs äußerste anspannen und in dieser Haltung versuchen, es hochzuheben, so kommt es uns sehr schwer vor und kaum hochzuheben. Es erscheint zwar allen lächerlich, wenn wir ein kleines Glas so schwer erscheinen lassen, doch macht eine beträchtliche Zahl von Menschen genau diese Art von Fehler. Wer großes Getue um etwas Unwichtiges macht oder sich gezwungen fühlt, wegen nichts wütend zu sein, erliegt gewöhnlich dieser Art Irrtum und kommt schließlich dahin, sich vor Kraft nicht bewegen zu können. Würde derjenige sich beruhigen und die Sache noch ein Mal überdenken, würde sich herausstellen, daß die Lösung ganz einfach ist. Jeder kann ein Wasserglas hochheben, denn jeder weiß, daß es leicht ist. Aber oft denkt man: »Das ist sicher unheimlich schwer« und verspannt sich. Es ist immer eine gute Idee, zuerst prüfend hinzuschauen, bevor man etwas tut. Wenn man sich anspannt, ist man seiner eigenen Kraft im Wege, und das, was man zu tun versucht, erscheint schwerer, als es ist. Wenn man etwas Schweres hochhebt, sollte man den Einen Punkt im Unterbauch halten und sich entspannen; dann wird das Hochheben leicht.

Genau das gleiche gilt für die anderen Dinge dieser Welt. Wenn Sie irgendeinem schwerwiegenden Problem gegenüberstehen, halten Sie den Einen Punkt im Unterbauch, beruhigen Sie Ihren Geist, und behandeln Sie das Problem leichten Herzens. Sind Sie angespannt und machen Sie sich Sorgen, verlieren Sie die Fähigkeit, klar zu sehen, aber wenn Sie sich beruhigen und die Situation genau betrachten, werden Sie immer herausfinden, daß es einen Weg gibt, sie auf einfache Weise zu bewältigen.

Wenn Sie zum Beispiel Auto fahren und das Lenkrad halten, so fest Sie können, kommt es Ihnen steif und schwer beweglich vor. Wenn Sie es dagegen nur leicht halten, können Sie es nach Belieben und ohne Anstrengung bewegen. Müssen Sie vor einer großen Zuhörerschaft eine Rede halten und haben Sie deswegen starkes Lampenfieber, so hört Ihr Gehirn auf zu arbeiten, Ihr Mund hört auf, sich zu bewegen, und Sie stehen auf dem Podium wie eine Salzsäule. In einer anderen Umgebung könnten Sie aber das gleiche ohne Schwierigkeiten sagen. Wenn man einem Freund gegenübersteht, kann man mit ihm ganz natürlich sprechen, wenn man aber aufgeregt oder verärgert ist, ist man nicht einmal zu dieser einfachen Sache fähig. Man braucht auch vor einem großen Publikum nichts zu tun als den Einen Punkt im Unterbauch zu halten und so zu sprechen, als unterhalte man sich mit einem Freund.

Wenn Sie Sorgen haben, die Sache eine ganze Nacht lang durchkauen und denken: »Wenn ich dies mache, passiert das, und wenn ich es so mache, wird es nicht gehen«, kommen Sie niemals zu einer Lösung. Sie drehen sich nur ständig im Kreis, und es ist ganz natürlich, daß keine Lösung auftaucht. Wenn Sie den Kreis einmal durchlaufen haben, um die Argumente für und wider kennenzulernen und merken, daß Sie wieder am Ausgangspunkt angekommen sind, dann verschwenden Sie keine Zeit mehr darauf. Sparen Sie sich Ihre Kraft. Nehmen Sie sich den Schlaf einer guten Nacht und einen frischen Vorrat an Ki, und wenn Sie morgens aufwachen, stellen Sie fest, daß Sie neue Ideen haben, um jedes Problem zu lösen.

Seit Beginn des Universums hat alles eine Lösung zum Besseren oder Schlechteren. Auch Dinge, die wir als unlösbar bezeichnen, haben Lösungen. Da alles so geschieht, wie es geschehen muß, haben wir nichts zu befürchten, wenn wir alles tun, was wir können und in jeder Situation ruhig und stabil bleiben. Ständiges Nörgeln, Unzufriedenheit und Sorgen, kopfloses Hin- und

Herrennen — all das ist nur vergeudete Anstrengung.

Einmal kam einer junger Mann, der seine Liebe verloren hatte, zu mir und sagte: »Ich kann sie nicht vergessen. So sehr ich es auch versuche, sie taucht ständig wieder in meinen Gedanken auf, und ich kann nichts dagegen machen. Was soll ich tun?« Ich fragte ihn, ob er das Mädchen wirklich vergessen wolle, und er antwortete, wenn es eine Möglichkeit gäbe, wolle er es. So etwas zu sagen, ist dumm. Wenn man wirklich vergessen will, soll man eben vergessen. Dieser junge Mann verschwendete seine Zeit, indem er zwar sehr versuchte, zu vergessen, sich aber gerade dadurch um so mehr an sie erinnerte. Sie können etwas nicht vergessen, solange Sie sich immer wieder daran erinnern.

Wir machten also die Vorwärts- und Rückwärtsbewegung (vgl. Abb. 25). Als ich bei (3) mit einem Druck an der Hüfte seine Stabilität testete, fiel er nach vorn, obwohl er sich bei (1) nicht bewegt hatte. Also lehrte ich ihn die Methode, den Geist in beliebige Richtungen zu lenken, so daß Ki in eine Richtung fließt, wenn die Arme nach vorn gestreckt sind, und in eine andere, wenn der Körper gedreht und die Arme in die andere Richtung zeigen. Ich erklärte ihm, daß es kein Wunder sei, wenn er nichts tun könne, da sein ganzes Ki sich weiterhin in die alte Richtung bewegte, obwohl er seine Arme längst in die andere Richtung gestreckt hatte. Ich empfahl ihm, eine Zeitlang Ki zu üben, seinen Geist zu sammeln und zu üben, sein Ki in die Richtung zu schicken, in die auch er gehen wolle. Ich riet ihm, die Erinnerung an seine Freundin, sollte sie wieder auftauchen, zu lassen, wie sie ist, und zu üben, sein Ki auf naheliegende Dinge zu lenken . . . In weniger als einem halben Monat war er geheilt, er lachte wieder, und sein Geist war wieder klar.

Wenn Sie etwas vergessen wollen, sollten Sie sich gänzlich etwas anderem zuwenden. Das Gehirn ist so angelegt, daß es die Fähigkeit hat zu vergessen. Verwenden Sie Ihre Kraft für das, was Sie behalten wollen, aber lassen Sie das, was Sie vergessen wollen, los, und es wird aus Ihrem Geist verschwinden. Wenn Sie ständig denken: »Ich muß vergessen, ich muß vergessen«, werden Sie niemals vergessen.

Wenn Sie nur Ruhe bewahren, finden Sie in Alltagsbeispielen wie diesen immer den großen Weg des Universums, der Ihnen zu Füßen liegt. Ihre Umgebung und die äußeren Verhältnisse spielen dabei keine Rolle. Lassen Sie sich nicht von Ihrer Umgebung anpassen. Der Weise benutzt seine Umgebung, der Mittelmäßige läßt sich von Ihr benutzen. Das ist der Unterschied. Unser Ziel sollte sein, ruhige und stabile, entschlossene und beständige Menschen zu werden. Der leichteste und einfachste Pfad, dem wir folgen können, um dies zu erreichen, ist die breite Straße des Universums.

Kapitel 14

Essen

Alle Dinge haben Leben. Wir sind mit allen Dingen verschwistert, denn alle wurden aus dem Ki ein und desselben Universums geboren. Aus diesem Grunde ist das alles liebende Herz des Universums unser Herz. Aber dennoch ist es eine Tatsache, daß wir leben, weil wir andere Lebewesen opfern. Wenn wir Fleisch oder Gemüse essen, nehmen wir diesen das Leben, damit wir weiterleben dürfen.

Wie können wir den Widerspruch lösen, uns einerseits zu sagen, daß wir alle Dinge lieben sollen und andererseits nicht leben können, ohne andere Leben zu opfern? Die Lehre Buddhas besagt, daß Töten falsch und es verboten ist, einem Tier, ja sogar einem Insekt, das Leben zu nehmen. Bislang durfte ein Buddhist nicht einmal das kleinste Stück Fleisch essen.

Leben existiert jedoch nicht nur in Tieren, sondern auch in jedem Baum und jedem Grashalm. Weshalb sollte es daher falsch sein, ein Tier zu töten, nicht jedoch eine Pflanze? In den Augen des Universums sind alle gleich.

Die Japaner waren schon immer ein Volk, das Feste, große Zusammenkünfte, Trinkgelage und Unruhe liebte. Natürlich liegt die tiefere Bedeutung von Festen woanders, aber irgendwann ist sie in der langen Entwicklung verlorengegangen, und nur das Trinken und

Schreien ist übriggeblieben. Ihre wahre Bedeutung kann man noch in Festen wie dem der ›Fünf Körner‹, das von denen gefeiert wird, die die Reis- und Bohnenernte eingebracht haben, oder in den Festen der Weber und Fischer finden. Weil sie wissen, daß sie nur weiterleben können, indem sie das Leben anderer Lebewesen opfern, veranstalten die Angehörigen vieler Berufe Feste, um den Lebewesen gegenüber, denen sie das Leben nehmen müssen, Dankbarkeit zu erweisen.

Es gibt aber Menschen, die glauben, daß der Mensch, der Herr der Schöpfung, das Vorrecht habe zu tun, was ihm gefällt, aber in den Augen des Universums ist dies bloße Selbstgefälligkeit und Überheblichkeit.

Wir meinen das Recht zu haben, ein Tier, das Menschen verschlingt, eine grausame Bestie zu nennen, doch um wieviel grausamer ist in den Augen der Tiere der Mensch? Wie muß der Mensch den Vögeln, Kaninchen und dem Gras der Wiesen erscheinen, die dem, was er tut, keinen Widerstand entgegensetzen können?

Das Universum erlaubt uns, durch das Opfern anderer Lebewesen selbst weiterzuleben. Die Bedeutung dessen sollte uns ständig bewußt sein. Es genügt nicht zu versuchen, diese Geister zu trösten, indem wir ihnen nur formell unseren Dank anbieten. Wie wir bereits am Anfang dieses Buches sagten, müssen wir uns immer wieder dessen bewußt sein, daß wir als Teilhaber an der Beherrschung des Universums auch an seiner ständigen Entwicklung mitarbeiten müssen — in unserer Eigenschaft als dasjenige Wesen, das dazu auserwählt ist, alle anderen Lebewesen zu repräsentieren. Wir sollten anderes Leben nicht opfern, nur um unsere egoistischen Wünsche zu befriedigen. Andere Lebewesen haben nur dann eine sinnvolle Existenz, wenn wir ihnen aus unserem tiefsten Wesen heraus dankbar sind und sie teilhaben lassen an unserer verantwortungsvollen Aufgabe, das Universum zu beherrschen. Gleichgültig, welche Pflanzen oder welches Fleisch wir essen, wir müssen es dankbar und mit der Haltung und dem Bewußtsein einnehmen, daß die Lebewesen, die gestorben sind, um unsere Körper zu ernähren, nicht verschwendet sind, sondern, indem sie unser Fleisch und Blut werden, mit uns fortan an der Arbeit des Universums teilnehmen.

Wenn jemand Ihr Gepäck von weit her zu Ihnen bringt und Sie ihm aus ganzem Herzen danken und Ihr möglichstes tun, um ihn unterhalten, vergißt er alle Mühen, die die Reise ihn gekostet hat und ist glücklich. Wenn Sie ihn jedoch anfahren, welch wertloses Geschöpf er doch sei, dieses Zeug hierher zu bringen, war seine Mühe umsonst. Er wird plötzlich sehr müde und traurig werden und sich über Sie ärgern.

Dasselbe gilt für die Nahrung, die wir essen. Wenn jemand sorgsam eine Mahlzeit für Sie zubereitet hat und Sie sich beschweren: »Wer soll denn dieses Viehfutter essen?«, so enttäuschen Sie denjenigen zutiefst. Er wird in seinem Herzen Groll hegen, und das Ganze endet unerfreulich. Wenn Sie dagegen sagen: »Danke, daß Sie dies so gut zubereitet haben, es sieht köstlich aus«, entschädigen Sie den Koch für seine Arbeit und machen ihn glücklich.

Um wieviel mehr gilt dies dann für die Pflanzen und

die Tiere, die wir essen! Bis dahin hatten sie lange Zeit ihre eigene Aufgabe erfüllt. Plötzlich werden sie geopfert und versorgen Menschen. Wenn wir von den Wesen, die wir gerade essen, sagen, sie seien unansehnlich und ungenießbar, so brausen diese sicher in Wut auf und halten Feindschaft mit uns. Wenn wir schlecht von ihnen reden, gibt es keinen Grund, warum sie unser Blut, unser Fleisch und unser Leben werden sollten. Viele Menschen, die von Feinschmecker-Leckerbissen leben, sind schlecht ernährt. Doch bevor sie den Arzt aufsuchen, sollten sie besser einmal ihre geistige Haltung prüfen. Die geopferten Leben können nur dann auf glückliche Weise unser Fleisch und Blut werden, wenn wir dankbar sind und unsere Dankbarkeit auch ausdrücken.

Wir haben nicht das Recht, uns zu beklagen, ob die Nahrungsmittel nun ›gut‹ sind oder ›schlecht‹, ob wir sie mögen oder nicht. Sie alle entstammen dem Universum, und wir müssen sie als köstliche Speise zu uns nehmen. Schon der Gedanke an schlechten Geschmack ist reiner Egoismus. Wenn Sie wirklich Hunger haben, schmeckt Ihnen alles gut. Wenn Sie denken, ein Gericht sei nicht gut, so lassen Sie Ihren Bauch so lange leer werden, bis es Ihnen gut erscheint. Versuchen Sie nicht, die Verantwortung für Ihren eigenen Körper auf die Nahrung, die Sie essen, abzuwälzen. Wenn Sie erkennen, daß alles seinen eigenen Geschmack hat und Sie für das Opfer des Lebens, aus dem Ihre Nahrung besteht, dankbar sind und alles mit dieser Geisteshaltung essen, wird Ihnen alles gut schmecken.

Da ich in jungen Jahren körperlich schwach war, hatte ich viele Wünsche und Abneigungen. Doch nach langer Zeit der Übung kam ich zu der tiefen Erkenntnis des WEGES des Universums und war zutiefst beschämt über meine früheren Abneigungen. Seither habe ich mich, mehr als fünfzig Jahre lang, kein einziges Mal mehr über ein Essen beschwert. Da mir alles schmeckt, habe ich keinen Grund, mich zu beklagen. Sogar während des Krieges, als wir manchmal zu essen hatten und manchmal nicht, habe ich mich nicht beklagt, und ich war nicht unterernährt. Egal welches Land ich besuche und egal was ich esse, alles schmeckt mir gut.

Einmal wurde ich, als ich zu essen anfing, gefragt, wie das Gericht schmecke. Ich sagte: »Es ist sehr gut, aber vielleicht wäre es mit etwas mehr Salz sogar noch besser.« Man hatte nämlich das Salz vergessen. Wir haben über die Sache herzlich gelacht.

Der entscheidende Punkt ist der: Da ich alles in Dankbarkeit esse, ist das erste, was ich beim Essen sage: »Es ist gut.« Auch der Koch, der aus den geopferten Lebewesen Mahlzeiten zubereitet, sollte jegliche Anstrengung machen, um diese Mahlzeiten so köstlich wie möglich zuzubereiten. Nur wenn er diese wahre Bedeutung seiner Arbeit erkannt hat, kann er bei der Zubereitung von Nahrung echte Fortschritte machen.

Die Tischsitten ändern sich von Land zu Land, die Sitten des Geistes jedoch nicht. Essen Sie mit einem Herzen voller Dankbarkeit. Eine Familie, die mit dankbarem Herzen zum Essen zusammenkommt, ist das Geheimnis häuslichen Friedens. Diese Geisteshaltung könnte viel zur Förderung des Weltfriedens beitragen. Bei der Zubereitung einer Mahlzeit müssen wir tun, was wir können, um dafür zur sorgen, daß die dafür geopferten Leben nicht verschwendet sind und daß wir, ihren Hoffnungen folgend, uns auf das äußerste anstrengen, um das stete Wachstum und die Entwicklung des Universums voranzutreiben.

Kapitel 15

Unser Gesicht, unsere Augen und unsere Art zu sprechen

Da der Geist den Körper lenkt, übt alles, was in den Geist eindringt, und sei es noch so flüchtig, auf den Körper eine Wirkung aus. Dinge, die wir lange Zeit in unserem Geist verstecken, tauchen daher unvermeidlich in unserem Gesicht, unseren Augen und in der Art, wie wir sprechen, auf.

Wir werden mit unserem eigenen Gesicht geboren. Von hundert Menschen sind keine zwei genau gleich. Da die einen mit einem schönen Gesicht geboren werden, müssen andere mit einem häßlichen zur Welt kommen. Viele Menschen glauben zwar, daß wir nichts gegen das Gesicht, das wir schon immer hatten, tun können, jedoch in Wirklichkeit befindet es sich fortwährend in einem Zustand leichter und allmählicher Veränderung.

Heute ist es wohl möglich, das Aussehen des Gesichts durch hochentwickelte Kosmetik und Schönheitsoperationen zu verändern, jedoch sind Änderungen solcher Art zeitlich begrenzt. Wir können das Trugbild nicht lange bewahren. Aber auch ohne solche unnatürlichen Manipulationen können wir unser Aussehen durch den Inhalt unseres Geistes ändern.

Sehen Sie sich einmal eine Zeitlang die Portraits herausragender Persönlichkeiten an, Musiker, Gelehrter oder anderer. Wenn wir ihre Bilder genau betrachten, sehen wir, daß bei manchen das Gesicht in jungen Jahren vielleicht nicht besonders schön war, aber nach und nach großartige Schönheit entwickelte. Vergleichen Sie dann im Gegensatz dazu die Bilder eines netten jungen Mannes mit den Aufnahmen desselben Mannes kurz vor seiner Hinrichtung nach einem Leben voll schwerer Verbrechen. Sie werden kaum glauben können, daß die beiden Gesichter zu demselben Menschen gehören.

Der Zustand des Geistes kann das Gesicht vollständig verändern. Zwar ist jetzt nicht die Rede von einer Entwicklung zum Schlechteren, aber wir würden sicher verlegen werden, wenn wir uns das gleiche Gesicht bewahrt hätten, mit dem wir geboren wurden, denn dieser Mangel an Veränderung wäre der Beweis für einen Mangel an geistigem Fortschritt. Und nur wenn wir unser Gesicht in ein wirklich schönes verwandelt haben, können wir sagen, daß wir jemand sind, der tatsächlich gewachsen ist.

Genau wie ein Mensch, der in seiner Jugend schön ist, nicht in dünkelhafte Nachlässigkeit verfallen darf, braucht jemand, der nicht schön ist, nicht zu verzweifeln, denn beide können durch ihre geistigen Gewohnheiten Veränderungen in ihrem Gesicht bewirken. Das ist die nicht-kosmetische Methode, der Weg zu *wahrer* Schönheit.

Schon immer heißt es, die Augen seien die Fenster des Herzens, weil sich in ihnen der Zustand des Geistes am klarsten widerspiegelt. Gedanken der Liebe, der Grausamkeit, der Toleranz oder des Unwillens werden alle in den Augen sichtbar.

Da das Herz eines Menschen, der Ki übt, den Geist der Liebe und des Beschützens aller Dinge in sich trägt, ist sein Geist von selbst ein Geist der Liebe und Güte. Seine Augen besitzen jedoch auch eine unterschwellige Energie, denn sein Geist ist immer gesammelt, und er läßt ständig einen starken Strom von Ki fließen. Dies ist kein scharfes, hartes Glimmen, sondern ein Leuchten, das zusammen mit Ki der Tiefe seines Wesens entstammt. Es ist auch nicht das Glitzern in den Augen eines Diebes, der ständig das Dunkel sucht. Es ist ein Leuchten, das aussagt: »Mit einem Lachen zieht es Kinder an, doch blickt es finster, fliehen sogar die wilden Tiere.« Es wäre gut, wenn wir alle solch gütige, mächtige Augen besäßen.

Unter den Menschen, die die Kampfkünste studieren, haben manche grausame, wilde und hochmütige Augen. Diese Augen, die dazu dienen, andere zu vernichten, sind nicht die Augen dessen, der wahrhaft dem WEG der Kampfkünste folgt. Wenn Augen wie diese auf die wahren Augen treffen, verlieren sie ihre zerstörende Wirkung. Das Schriftzeichen für *bu* in dem Wort *budō* (WEG der Kampfkunst) besteht aus zwei Teilen und bedeutet wörtlich ›aufhören, Waffen zu gebrauchen‹. Jemand, der dem WEG der Kampfkünste wirklich folgt, muß daher Augen haben, die gütig genug sind, um den Kampfgeist des Gegners aufzuheben. Wie scharf das Glimmen in Ihren Augen auch sein mag, mit dem Sie

Ihren Gegner zu unterwerfen versuchen, es wird auf einen solchen Menschen keine Wirkung haben. Es wird an ihm abprallen und zu Ihnen zurückkehren, um Sie selbst mit Angst zu erfüllen. Menschen mit harten Augen sollten diese als Zeichen geistiger Unreife verstehen und sich bemühen, auf die rechte Weise an sich zu arbeiten. Im Rahmen unserer Bemühungen, geistig voranzukommen, sollten wir daher von Zeit zu Zeit in den Spiegel sehen — nicht allein, um unser Aussehen zu prüfen oder um uns zu rasieren, sondern um den Zustand unseres Geistes zu beurteilen. Wir müssen die schlechten Stellen aussondern und bedenken: »Hier ist eine Stelle, an der mein Geist noch unreif ist.«

Auch unsere Worte drücken unseren Geist aus. Manche Menschen erzeugen ein Gefühl der Unglaubwürdigkeit, obwohl sie in Diskussionen, Empfängen und Gesprächen geübt sind. Es gibt einen alten Spruch, der besagt, daß unter denen, die gut reden, nur wenig gute Menschen sind. Gleichgültig, wie klug jemand redet — mangelt es seinem Geist an Aufrichtigkeit, wird er die Herzen anderer niemals anziehen.

Das Wichtigste bei einem Gespräch ist, daß man aufrichtig ist und aus dem Herzen spricht. Nur mit dieser Grundlage können Sie in Gesprächstechniken Fortschritte erzielen. Die freundlichsten Worte klingen leer, wenn es ihnen an Liebe mangelt. Wer einen Dolch hat, stößt ihn mit jedem Wort und jedem Satz in das Herz seines Zuhörers. Wenn ein wütender Mensch etwas zu uns sagt, wird sein Ärger auf uns übertragen, auch wenn er die gewöhnlichsten Worte gebraucht. Im Gegensatz dazu bringt ein Herz, das mit Liebe angefüllt ist, anderen unsagbaren Trost und Stärke. Sie benötigen nicht einmal Worte. Mit dem Herzen Ihres Partners können Sie sogar schweigend reden.

Wenn jemand wütend zu Ihnen sagt: »Ich war doch nur um Dein Wohl besorgt« oder: »Weigerst du dich immer noch zu verstehen, was ich fühle, auch wenn ich diese freundlichen Dinge zu Dir sage?«, so müssen Sie zuerst Ihr eigenes Herz überprüfen, bevor Sie etwas darauf erwidern, um sicherzugehen, daß Sie aufrichtig sind. Wenn Sie Liebe haben, wird diese Liebe den anderen irgendwie erreichen, auch wenn Sie mit ihm schimpfen.

Ich war einmal in der Schulbehörde meiner Heimatstadt tätig. Dort hatten wir einen jungen Mann, der die zehnjährigen Jungen unterrichtete, ein Lehrer aus Leidenschaft, der seine Schüler jedoch häufig schlug. Vor dem Krieg hatte dies keine Probleme verursacht, später jedoch, mit dem Aufkommen demokratischer Erziehungsmethoden, waren die Eltern und Erzieher aufgebracht und forderten die Entlassung des Lehrers. Gleich nachdem ich von dem Ärger erfuhr, machte ich mich auf, den jungen Lehrer zu besuchen. Er glaubte, ich sei gekommen, um ihn zu maßregeln, und er schien vorbereitet zu sein. Zunächst hörte ich mir also an, was er zu sagen hatte.

»Diese demokratische Nachkriegserziehung ist gut. Ich befürworte sie, aber die Kinder und die Eltern haben sie völlig falsch verstanden. Sie verstehen sie falsch, insofern sie glauben, sie bedeute Nichteinmischung.

Wenn die Kinder ein wenig älter werden, werden sie anscheinend zwangsläufig schlecht. Sie hören auf nichts, was man ihnen sagt. Wenn wir die Dinge so weiterlaufen lassen, wird nie etwas aus ihnen. Ich weiß, daß es nicht gut ist, Kinder zu schlagen, aber ich mache trotzdem damit weiter, zum Wohle der Schüler. Ich glaube an meine Art der Erziehung, aber wenn Sie denken, daß das, was ich tue, falsch ist, trete ich jederzeit zurück.« Dieser intelligente junge Mann sagte seinen Teil entschlossen auf, ohne einen Millimeter zurückzustecken. Sein aufbrausendes Temperament war aber deutlich zu spüren. Bis jetzt hatte ich noch gar nichts gesagt, aber er war bereits heftig geworden.

»Ich sehe«, antwortete ich, »daß ich völlig mit Ihnen übereinstimme. Wenn Sie Ihre Schüler also schlagen, um sie zu bessern, so schlagen Sie sie gut. Das bißchen, was ich tun kann, um mit Ihnen zusammenzuarbeiten und Ihr Verbündeter zu sein, werde ich tun.« Der junge Mann war erstaunt. Natürlich, das was er sagte, war richtig. Die plötzliche Demokratisierung der Erziehung führte zu gewissen Mißbräuchen von Privilegien. Ich fügte meinem Kommentar jedoch die folgende Bemerkung hinzu:

»Es ist gut und richtig, daß Sie Ihre Schüler bessern wollen, denn Sie haben sie gern. Da dies der Fall ist, vermute ich, daß Sie sie auch dann gut schlagen können, wenn Sie nicht wütend sind. Deshalb mache ich Ihnen folgenden Vorschlag: Versichern Sie sich von nun an, wenn Sie fühlen, daß ein Kind Schläge braucht, daß Sie selbst nicht wütend sind. Wenn Sie es nicht sind, machen Sie weiter. Wenn Sie sie im Zorn schlagen, wird Ihre Wut durch die Bestrafung auf die Kinder übertragen und ihnen überhaupt nicht gut tun. Wenn Sie mit Liebe in Ihrem Herzen und nur zu ihrem Wohl schlagen, sollten Sie in der Lage sein, es auch dann zu tun, wenn Sie ganz ruhig sind. Die Schüler werden dann verstehen, daß Sie sie mit Liebe bestrafen.«

Er verstand, was ich meinte, und von da an hat er niemals mehr einen Schüler geschlagen. Wenn er im Begriff war, ein Kind zu schlagen, beruhigte er sich, hörte zu, was der Junge zu sagen hatte, und die Notwendigkeit zu schlagen verschwand.

Hören Sie sich an, was jemand sagt, und schauen Sie in seine Augen. Dann kann er nichts vor Ihnen verbergen. Wenn Sie Ihr Herz beruhigen, sich selbst prüfen und andere Menschen anschauen, können Sie sie verstehen.

Wenn aber die Fähigkeit, andere zu durchschauen, zu stark ausgeprägt ist, ist dies auch nicht immer von Vorteil. Zu viel Scharfblick kann auch zerstören. Das heißt, wenn Sie einen Menschen zu gut durchschauen, fühlt er sich in Ihrer Gesellschaft wahrscheinlich verkrampft und meidet Sie. Es ist auch leicht, andere zu verletzen, wenn Sie sie zu sehr durchschauen. Ein Vater mit zu durchdringenden Augen unterdrückt seine Kinder und fördert ihren Wunsch, wegzulaufen. Niemand mag den Blick, der die Tiefen der Seele durchbohrt.

Genauso wie wir eine gut geschliffene Klinge bedeckt lassen, sollten wir, wenn wir große Stärke haben, diese verhüllen. Wenn wir jenen Glanz in unseren Augen haben, dürfen wir andere damit nicht verwirren, sondern sollten ihn bedecken, als wäre er nicht vorhanden. Ein kluger Habicht versteckt seine Klauen, und eine Katze, die gut Mäuse fängt, zeigt ihre Krallen nicht. Es ist wichtig, seine Kraft zu verbergen, denn mit ihr zu prahlen, zerstört sie.

Wenn Sie mit einer Ihrer guten Eigenschaften angeben, werden Sie sicher in genau diesem Punkt versagen. Benutzen Sie Ihre Kraft nur, wenn sie gebraucht wird, und rühmen Sie sich ihrer nicht. Verhalten Sie sich unter gewöhnlichen Bedingungen genau wie jedermann sonst, doch benutzen Sie in kritischen Momenten Ihr ganzes Wissen und alle Ihre Fähigkeiten. Das ist der Sinn des Sprichworts, daß der Weise wie ein Dummkopf sein sollte und der Heilige wie ein gewöhnlicher Mensch. Wenn sie in Ihrem Herzen Bescheidenheit haben, erscheint diese in Ihren Augen von selbst.

Wenn Sie ein mitfühlendes Herz haben, das Sie auch über einen bescheidenen Witz aus ganzem Herzen lachen läßt oder das sich im Blick eines Vaters spiegelt, der sein Kind beim Spielen beobachtet oder im Blick eines frisch Verliebten, der seiner Angebeteten begegnet, werden Ihre Augen freundlich sein. Menschen dieser Art denken nichts Schlechtes, wenn Sie getäuscht werden. Obwohl sich jeder über einen Betrug ärgert, sollten wir, wenn wir erkennen, daß wir getäuscht wurden, deswegen nicht die Geduld verlieren. Es ist besser, dem Betrüger letztlich ein guter Freund zu sein und ihn auf den richtigen Weg zu führen. Jeder kann seine entblößte Seele vor einen Menschen tragen, der ein mitfühlendes Herz besitzt. Wenn wir hart sind, ist es schwer, andere zu führen.

Oft begegnen wir Menschen, die in einem Gespräch denjenigen, mit dem sie sprechen, nicht ansehen, sondern ihre Augen immer niedergeschlagen halten. Solche Menschen sind nicht ruhig, sie verbergen irgendeine Unsicherheit. Wir müssen lernen, unseren Gesprächspartner direkt ansehen zu können.

Andererseits sollten Leute, die die Gewohnheit haben, andere ständig direkt anzustarren, äußerste Anstrengungen unternehmen, damit aufzuhören. Es ist eine kindische Haltung, seine Nase in die Herzen anderer zu stecken und nicht die eines Menschen, der zu einem gefestigten Erwachsenen heranwächst. Wenn Ihr Geist klar ist, wird das Herz der anderen im Spiegel Ihres Geistes reflektiert, auch ohne daß Sie sie anstarren.

Wenn Sie beim Sprechen Ihrem Gegenüber unwillkürlich nicht in die Augen sehen können, so schauen Sie auf die Gegend seiner Nase, und er wird erkennen, daß Sie ihm richtig zugewandt sind.

Obwohl begeistertes Üben, Fortschritt in den Techniken und wachsende Stärke im Aikidō in Einheit von Geist und Körper wichtig sind, reicht all das dennoch nicht aus. Sie müssen den Geist von Ki ganz durchdringen. Sie müssen lernen, gütig zu sein, sich mit anderen wohl zu fühlen und freundliche Augen und eine Stimme voller Liebe zu haben, die immer in irgendeiner Form die Möglichkeit großer Lebendigkeit andeutet.

Kapitel 16

Das Prinzip des Nicht-Kämpfens

Alle Techniken des Aikidō in Einheit von Geist und Körper basieren auf den Ki-Prinzipien und beginnen und enden mit dem Prinzip des Nicht-Kämpfens.

Das Universum, mit dem zu kämpfen wir keinen Grund haben, ist absolut. Kämpfe tauchen erst mit dem Gedanken von Dualität auf. Sie tauchen das Universum in das Licht solch dualistischer Begriffe wie Aktivität und Ruhe, Verschmelzung und Auflösung, Spannung und Entspannung, Einheit und Trennung. Dadurch, daß wir uns von der dualistischen Welt haben gefangennehmen lassen, sind wir der Einstellung verfallen, daß es natürlich ist zu kämpfen und daß dies eine Welt des Faustrechts ist. Wir haben das wahre Wesen des Universums vergessen, und wir können es nur wiederfinden, wenn wir in das Reich des Absoluten gelangt sind. Der wahre grundlegende Geist des Universums ist das Prinzip des Nicht-Kämpfens.

Da dies für den heutigen Menschen sehr schwer zu verstehen ist, müssen wir es durch die Techniken des Aikidō in Einheit von Geist und Körper konkret erfahren. Jemand, der es wirklich geübt hat, hat durch Erfahrungen, die seinen Körper einbeziehen, gelernt, wie richtig und wie kraftvoll dieses Prinzip ist. Und wenn anfangs und selbst mit einiger Übung noch der Größere und Stärkere einen Vorteil hat, so bedeutet das nicht, daß das Prinzip des Nicht-Kämpfens falsch ist. Es zeigt einfach, daß derjenige, der verloren hat, mit diesem Prinzip noch nicht identisch ist — er hat noch nicht ausgelernt. Wenn man einmal zur wahren Bedeutung dieses Prinzips durchgedrungen ist, verlieren Kraft und Körpergröße ihre Bedeutung.

Wenn Sie jemand angreift und die Kraft eines Schlages oder Stoßes unmittelbar auf Sie einwirkt, ist es natürlich von Bedeutung, wie stark und wie groß der Gegner ist. Wenn Sie jedoch den Angriff beiseitefegen, muß er mit der Kraft, die er erzeugt hat, selbst fertig werden. Wenn Sie jemanden, der zudringlich wird, werfen wollen, kommt es mit Sicherheit zu einem Kampf. Da jedoch der Geist den Körper lenkt, können Sie seinen Geist an einen Punkt Ihrer Wahl führen, und sein Körper wird ihm freiwillig folgen. Das heißt, Sie führen ihn in die Richtung und an den Ort, wohin er selbst gehen will.

Wir können sogar dann einen Kampf vermeiden, wenn uns jemand angreift. Wir müssen fähig sein, in unserem Alltag unter allen Umständen friedlich zu sein und überall und immer vermeiden, daß sich der Gedanke an Kampf in unserem Herzen erhebt.

Zu viele Menschen denken heute, es sei unmöglich zu leben, ohne zu kämpfen. Und auch viele machen vor nichts halt, um Einfluß zu gewinnen und unter allen Umständen ihren Vorteil zu wahren, obwohl das bedeutet, andere zu unterdrücken. Natürlicherweise wird es dann besonders schwierig, wenn dies die gleichen Leute sind, die zusammenkommen, um über Weltfrieden und Eintracht zu diskutieren. Der einzige Weg, Frieden und Einverständnis unter den Menschen zu erreichen, ist der, daß jedes einzelne Individuum zum grundlegenden Geist des Universums zurückfindet und die tiefe Bedeutung des Prinzips des Nicht-Kämpfens erkennt.

Im allgemeinen hat man die Vorstellung, das Prinzip des Nicht-Kämpfens bedeute, man müsse allem zustimmen, was immer jemand sagt, man dürfe keinen Widerstand leisten, wenn man geschlagen wird, und dies sei doch schwach und eigentlich feige. Das ist aber ein Mißverständnis. Das Prinzip des Nicht-Kämpfens erfordert im Gegenteil einen überaus starken Geist und einen lebendigen und ungeminderten Vorrat an positivem Ki in Geist und Körper, damit sichergestellt ist, daß kein bißchen des fehlgeleiteten Ki unseres Gegners auf uns einwirken kann.

Sie können dies vergleichen mit einer klaren Quelle, die aus der Tiefe eines Teiches so stark emporsprudelt, daß auf seinem Weg zur Oberfläche nicht ein Tropfen des abgestandenen Teichwassers in den klaren Strom eindringen kann. Wenn Sie angefüllt sind mit positiven Ki und es fließen lassen, kann das Ki der Menschen um Sie herum nicht in Sie eindringen. Sobald die Quelle aber nur für einen Moment aufhört zu fließen, dringt das schmutzige Wasser des Teiches sofort ein und verschmutzt das klare Wasser, und in der gleichen Weise stürmt das Ki der Menschen um Sie herum auf Sie ein, wenn Sie Ihr Ki auch nur ein wenig zurückziehen. Das Prinzip des Nicht-Kämpfens erfordert einen starken Geist, der stets voller Ki ist und dessen Ki-Fluß bis ins Universum reicht, einen Geist, dessen Ki sich in ständigem Austausch mit dem Ki des Universums befindet.

Der Weg des Nicht-Kämpfens ermöglicht es Ihnen, alle Umschwünge ohne seelischen Schmerz zu überwinden, über jede Verleumdung zu lachen und jeden Angriff abzuleiten, ohne daß die Kraft des Schlages auf Sie einwirken kann. Wer sich in den Schlaf weint, sich gegen nichts wehrt und bösen Worten anderer nichts erwidert in der Überzeugung, dadurch nicht zu kämpfen, stimmt mit dem, was wir mit dem Prinzip des Nicht-Kämpfens meinen, durchaus nicht überein.

Die Worte und Taten eines Gegners in seinem Herzen einzuschließen, ist nicht wirklich Nicht-Kämpfen, sondern Erdulden. Obwohl Sie mit den Lippen nichts sagen, können die Gefühle in Ihnen brodeln. Auch das ist eine Art von Kampf. Das Nicht-Kämpfen, von dem wir sprechen, bedeutet, daß wir keine Gefühle gegen unseren Gegner hegen, sondern mit der Großmut des Meeres, das alle Ströme aufnimmt, wellenlose Ruhe in unserem Herzen bewahren.

Ein Angestellter einer Firma hatte begonnen, Aikidō in Einheit von Geist und Körper zu lernen und kam eines Tages mit einem Problem zu mir. Es sagte, er habe häufig Meinungsverschiedenheiten mit seinem Vorgesetzten im Büro, und diese endeten gewöhnlich mit einem Streit. Er sagte auch, sein Vorgesetzter sei stur und er selbst aufbrausend. Obwohl er wußte, daß Streiten nicht gut ist, konnte er damit nicht aufhören. Immer wenn jemand etwas Schlechtes zu ihm sagte, wurde er wütend. Nun wollte er wissen, was er tun könne, um sein Problem zu lösen. Ich fragte ihn, ob er das Prinzip des Nicht-Kämpfens gemeistert habe, und er bejahte es.

»Dann ist es wirklich ganz einfach«, sagte ich. »Wenn jemand etwas Unangenehmes über Sie sagt, halten Sie den Einen Punkt im Unterbauch, verbreiten Sie kraftvolles Ki, und nehmen Sie nicht persönlich, was er sagt. Wenn sie sich so verhalten, wird sich alles Schlechte, das der Mann sagt, gegen ihn selbst wenden. Wenn Ihr Vorgesetzter Sie zum Beispiel einen Dummkopf nennt und Sie sich weigern, diese Worte in sich hineinzulassen, kehren Sie zu ihrem Urheber zurück, der dadurch nichts anderes sagt, als daß er selbst ein Dummkopf ist. Und würden Sie denn nicht lachend zustimmen, wenn Ihr Chef über sich sagen würde: ›Ich bin ein Dummkopf!‹? Versuchen Sie einfach, auf diese Weise zu denken, und beobachten Sie das Gesicht Ihres Gegenübers. Das Gesicht eines Menschen, der so wütend ist, wie er nur sein kann, wird sofort und von selbst ziemlich amüsant.«

Mein Schüler setzte meinen Rat anscheinend sogleich in die Praxis um. Wie wütend sein Chef auch wurde, er lächelte einfach und sagte: »Ja, ja«, bis der Chef schließlich mit den Worten aus dem Zimmer rauschte, daß »mit dem Mann zu reden ihn nur noch wütender« mache.

Wenn man das lächelnde Gesicht seines Gegenübers sieht, erkennt man, wie dumm und wertlos es ist, einfach nur wütend zu sein. Für Drohungen gilt dasselbe.

Wenn der Bedrohte einfach über die Bedrohung lacht, gerät derjenige, die sie ausspricht, selbst in Furcht.

Zwei oder drei Tage später kam der Vorgesetzte meines Schülers zu ihm und sagte: »Hier geht etwas Merkwürdiges vor. Mir scheint, als hätten Sie seit kurzem etwas Besonderes in petto.« Mein Schüler erklärte ihm dann die ganze Sache, worauf der Vorgesetzte einsah, daß es großer Unsinn ist, sich zu streiten und sich entschloß, damit aufzuhören.

Nach einem Streit zwischen Freunden sagt oft jeder zu sich selbst: »Er war im Unrecht, deshalb muß er sich zuerst entschuldigen. Ich tu's nicht.« Wir meinen, daß es sogar unter Dieben Recht gibt. Und wenn zwei sich streiten, haben immer irgendwo beide recht und beide unrecht. Wenn aber beide recht haben, gibt es keinen Grund zu streiten.

Wenn Sie wütend werden und streiten, gleich aus welchen Gründen, sollten Sie dies als beschämend erkennen. Wenn es aber einmal geschehen ist, können Sie nicht mehr dagegen tun, als sofort den Einen Punkt im Unterbauch wieder zu finden, Ihr Ki ruhig werden zu lassen, die Schranken Ihrer Großzügigkeit aus dem Weg zu räumen und Ihrer eigenen schlechten Seiten gewahr zu werden. Es ist einfach, die Fehler anderer zu sehen, schwieriger jedoch, die eigenen zu bemerken, besonders wenn einem das Blut in den Kopf gestiegen ist. In solchen Momenten unternehmen wir normalerweise nicht einmal einen Versuch, unsere eigenen Fehler zu sehen, sondern streiten, um uns gegenseitig unsere Fehler aufzuzeigen. Würden wir genau das untersuchen, was wir selbst falsch gemacht haben, gäbe es keinen Zank. Deshalb sollten Sie, wenn ein Streit droht, im voraus Ihre eigenen Fehler überprüfen und sich bei Ihrem Partner entschuldigen, ehe ein Streit beginnen kann. Seien Sie zumindest von Anfang an darauf vorbereitet, ihm zu vergeben, und Sie werden eine Stufe weiter sein als er. Ein Streit kommt ja deshalb auf, weil beide Parteien auf derselben Stufe stehen. Im Fall von Mutter und Kind vergibt immer die Mutter, denn Sie ist auf einer höheren Stufe als das Kind. Zwischen ihnen gibt es keinen Streit. Schließen Sie zuerst den anderen in Ihr Herz, und vergeben Sie ihm im voraus, das wird ihn durcheinanderbringen und ihn seine eigenen schlechten Seiten erkennen lassen. Es wird ihn beschämen, daß er sich eine Stufe unter Ihnen befindet.

Haben Sie den Wert der Geste, um Entschuldigung zu bitten, einmal verstanden, dürfen Sie sich aber nicht zu dem lächerlichen Extrem hinreißen lassen, über das Recht, die Schuld auf sich nehmen zu dürfen, in Streit zu geraten. Der kürzeste Weg zur Lösung des Problems ist, dem anderen gegenüber großzügig und tolerant zu sein, bevor ein Streit überhaupt anfängt. Da zum Streiten zwei gehören, kann kein Streit aufkommen, wenn Sie nicht ein Teil davon sind.

Manche Menschen erzählen sich gerne Kriegsgeschichten, aber ich weise sie immer zurecht, indem ich frage, wie sie denn dazu kämen, solche Geschichten erzählen zu müssen, und ob sie denn nichts besseres zu tun hätten, denn eine alte Regel der Kampfkünste nennt die folgenden drei Wege des Siegens:

1. Kämpfen, dann siegen,
2. Siegen, dann kämpfen, und
3. Siegen ohne zu kämpfen.

Der erste Weg ist der allgemein übliche und die niedrigste Form dieser drei. Die zweite Methode beinhaltet die vollständige Vorbereitung auf alle Umstände, die nötig sind, um von vornherein zu siegen. Sie ist relativ sicher und liegt zwischen den beiden anderen. Der beste der drei Wege — siegen, ohne zu kämpfen — ist insofern der sicherste, als dadurch, daß kein Kampf stattfindet, auch keine Möglichkeit des Verlierens existiert. Mit dieser Methode gibt sich der Gegner freiwillig geschlagen und folgt uns, wohin wir ihn führen. Aikidō in Einheit von Geist und Körper geht diesen Weg. Wenn wir schon gewinnen, sollten wir auf die bestmögliche Art gewinnen. Und eben weil es überhaupt keinen Grund dafür gibt, sich ausgerechnet die niedrigste Methode des Siegens auszusuchen (erst kämpfen, dann siegen), weise ich Leute zurecht, die gerne Geschichten Ihrer Schlachten bis ins Detail erzählen.

In den folgenden drei Situationen ist es erlaubt, Techniken des Aikidō in Einheit von Geist und Körper anzuwenden:

1. Wenn Ihr Leben in Gefahr ist,
2. Wenn ein anderer in Gefahr ist,
3. Wenn ein oder zwei Menschen die Mehrheit stören.

Die erste Situation ist ein reiner Fall von Selbstverteidigung und macht den Gebrauch von angemessenen Techniken notwendig. Die zweite betrifft eine Pflicht, der sich zu entziehen feige ist. Der dritte Fall beinhaltet eine Situation, in der niemand die Unruhestifter zum Schweigen bringen kann und wir deshalb unsere Technik zum Wohl der Mehrheit oder der Gesellschaft benutzen müssen. Wir sagen nicht, daß es richtig ist, in diesen Fällen immer Techniken des Aikidō in Einheit von Geist und Körper zu benutzen. Wir sagen nur, daß, wenn wir alle anderen friedlichen Methoden zur Lösung des Konflikts bedacht haben und nichts zu funktionieren scheint, wir dann unsere Technik anwenden können.

Ich erinnere mich an den Fall eines jungen Paares, das sich ständig stritt und kurz vor der Scheidung stand. Da der Ehemann am Ki-Unterricht teilnahm, kamen seine Freunde zu mir und baten mich, etwas zu unternehmen. Beim Anhören beider Seiten bemerkte ich, daß weder die Frau noch der Mann ihre eigenen Fehler erwähnten, sondern sich nur über die andere Seite beschwerten. Die Frau war um nichts bereit, nachzugeben; für jedes Wort von seiten ihres Mannes gab sie ihm drei zurück. Nichts ist schwieriger, als zwischen einem streitenden Paar zu vermitteln. Nichts von dem, was der eine sagt, überzeugt den anderen. Sagt der Vermittler aber das Falsche, richten sie ihre bösen Bemerkungen auf ihn, wenn sie ihre Streitigkeiten beigelegt haben. Dennoch entschied ich mich dafür, dem Mann zu sagen, er sei im Unrecht — sehr zu seiner Enttäuschung und sehr zur Freude seiner Frau.

Ich sagte ihm, seine Frau sei nicht im Ki-Unterricht, wisse nichts über den Einen Punkt im Unterbauch und könne daher nicht anders, als wütend zu werden. Er dagegen nehme am Unterricht teil, und es sei falsch, das Gelernte nicht in die tägliche Praxis umzusetzen. »Sie müssen erkennen: Was immer geschehen mag und was immer ihre Frau sagen mag — das ist der rechte Moment zu üben, den Einen Punkt zu halten. Dann werden Sie nicht nur Ruhe bewahren, sondern auch große Fortschritte machen. Wenn Sie den Einen Punkt nur im Dōjō üben und ihn verlieren, sobald Sie nach Hause kommen, haben Sie sich umsonst angestrengt.« Ich fragte ihn, ob er es so, wie ich vorgeschlagen hatte, versuchen wolle, gleichgültig, was der Anlaß des Streits wäre. Er willigte ein, es von diesem Tag an zu versuchen.

Danach erklärte ich seiner Frau ein paar Dinge, machte einige Übungen mit ihr und zeigte ihr, wie sie den Einen Punkt im Unterbauch beherrschen kann. Ich sagte: »Ich sehe, daß Sie mit Ihrem Gemahl in vielem nicht zufrieden sind, aber wie Sie sehen, ist er bereit, jegliche Anstrengung auf sich zu nehmen, um sich zu ändern. Ihm fehlt noch Erfahrung, daher ist es möglich, daß er zwischendurch vergißt, aber wollen Sie ihm nicht helfen, seine schlechten Gewohnheiten zu ändern?« Die Frau stimmte zu, und in weniger als einem Monat führte das Paar ein perfektes, glückliches Eheleben.

Wenn ein junges Paar zusammengeht, weil es sich liebt, sollte eigentlich alles schön so weitergehen. Aber gemäß der Tatsache, daß Negatives Negatives hervorbringt, erzeugt eine einzige Unzufriedenheit weiteres Schlechtes, bis die Situation schließlich nicht mehr zu retten ist.

Statt nach der Arbeit zu denken: »Jetzt muß ich nach Hause gehen und mir ihre Beschwerden anhören!«, ging der junge Ehemann nach Hause, hielt vor der Tür an, um sich des Einen Punktes im Unterbauch zu versichern, ging hinein und rief freudig: »Hallo, da bin ich wieder!« Die Frau, die erkannte, daß der Moment der gemeinsamen Arbeit gekommen war, ging lächelnd zur Tür und sagte: »Schön, daß Du wieder da bist.« Wenn sie, nachdem sie ihrem Mann etwas zu trinken gegeben hatte, ein Anliegen hatte, versuchte sie, geduldig zu sein und zu warten. Und wenn sie nicht ruhig sein konnte, sagte sie ihren Teil so freundlich und heiter wie möglich. Auch der Ehemann fühlte sich besser, redete immer freundlich mit seiner Frau und war bereit, ihr bei ihrer Arbeit zu helfen. Fortan strömte wieder ihre Liebe, sie wendeten wechselseitig ihr Ki ins Positive, und ehe sie es bemerkten, waren sie einander wieder so nahe, als wären sie jung vermählt. Später nahm auch die Frau am Ki-Training teil, um ihre ehelichen Beziehungen im Gleichgewicht zu halten.

›Gewinnen‹ und ›verlieren‹ haben im Eheleben, in dem die Partner einander verstehen und helfen müssen, damit alles zwischen ihnen glücklich bleibt, nichts zu suchen.

Obwohl dies lediglich ein Beispiel aus dem gewöhnlichen Leben ist, zeigt es die Notwendigkeit, sich immer daran zu erinnern, daß es einen Weg gibt, Kämpfe zu vermeiden. Es gibt immer einen Weg des Zusammenlebens und des gemeinsamen Glücks. Haben wir in unserem Herzen Gedanken an Kampf, machen wir aus Verbündeten Feinde. Haben wir diese Gedanken nicht, so haben wir weder Gegner noch Verbündete, denn wir alle sind Brüder, geboren aus dem Ki des Universums. Sich im Prinzip des Nicht-Kämpfens zu üben und seine Bedeutung tiefgründig zu erforschen, ist daher von allergrößter Wichtigkeit.

Durch Wettkämpfe erlangen die normalen Sportarten Ansporn, technischen Fortschritt und Popularität. Doch im Aikidō in Einheit von Geist und Körper sind Wettkämpfe nicht gestattet, denn im Gegensatz zum Sport geht Aikidō den Weg des Universums und hat als einziges Ziel die Vervollkommnung der Menschheit. Vielleicht sollten wir erklären, warum Wettkämpfe darin verboten sind.

An erster Stelle ist Aikidō in Einheit von Geist und Körper eine Übung, die dazu gedacht ist, die tiefere Bedeutung des Prinzips des Nicht-Kämpfens zu durchdringen. In Wettkämpfen muß jemand gewinnen, und das Gewinnen an sich beinhaltet Kampfgeist. Wenn Sie mit ganzem Einsatz versuchen zu gewinnen, so ist das für Sie als Sportler zweifellos sehr gut, aber mit dem brennenden Wunsch, siegreich zu sein, entwickeln Sie möglicherweise die Einstellung, daß alles, was Ihnen zum Siegen hilft, richtig ist. Menschlich kann Ihnen diese Haltung großen Schaden zufügen.

Da die wahren Techniken des Aikidō in Einheit von Geist und Körper auf einem gründlichen Verständnis des Gedankens des Nicht-Kämpfens basieren, werden Sie nicht fähig sein, die Techniken wirklich zu meistern, wenn Sie diesen Gedanken nicht verstehen können. Deshalb sind Wettkämpfe verboten. Wer Wettkämpfe und Auseinandersetzungen liebt, sollte versuchen, diese mit sich selbst zu führen. Zum Beispiel könnte sich ein aufbrausender Mensch sagen: »Heute nehme ich mir vor, kein einziges Mal wütend zu sein.« Wenn er es schafft, sich den ganzen Tag zu beherrschen, hat er gewonnen, wenn nicht, hat er verloren. Machen wir Fortschritte, ohne einem anderen Leid zu bereiten und ohne einen bösen Gedanken gegen irgend jemanden in unserem Herzen zu tragen, werden wir an den Punkt gelangen, an dem wir immer gewinnen. Das ist wahrer Sieg. Wenn wir nur andere besiegen, aber nicht uns selbst, tun wir nichts anderes, als unsere Eitelkeit und unseren Stolz zu befriedigen. Wenn wir dagegen über uns selbst siegen, besteht für uns keine Notwendigkeit, über irgend jemand anderen zu siegen, denn die anderen folgen dahin, wohin wir sie führen. Ein relativer Sieg ist zerbrechlich, ein Sieg über sich selbst ist absolut.

Der zweite Grund kann auf viele andere Situationen übertragen werden, doch im Zusammenhang mit Aikidō in Einheit von Geist und Körper ist es ganz besonders wichtig, vor dem Stolz zu warnen. Taucht der Stolz einmal auf, ist die Tür zu echtem Verständnis verschlossen. Wer sagt: »Das kann ich gut genug«, hat den Willen, mehr zu lernen und mehr zu meistern, verloren. Gegenüber dem Universum zu sagen: »Jetzt bin ich weit genug, mehr brauche ich nicht«, bedeutet, sich gegen die Natur der Dinge zu wenden. Wenn wir den Pfad des Universums einmal betreten haben, wird er tiefer und weiter. Wer noch unreif ist und sich sorglos gestattet, sich ständig mit Wettbewerben zu beschäftigen, in denen er schnell gewinnt, wird in seinem Jubel stolz und selbstgefällig. In den Augen des Universums jedoch sind solche persönlichen Siege und Niederlagen nicht mehr als eine einzige kleine Welle auf der Oberfläche des großen Ozeans. Sie sollten daher solche kleinen Wellen aus Ihrem Herzen vertreiben, sich dem Universum stellen und Ihre ganze Kraft auf die Vervollkommnung Ihrer selbst richten.

In allen Sportarten und Kampfkünsten sind Wettkampfregeln erforderlich, besonders in den Kampfkünsten, wo manchmal das Leben in Gefahr ist. Das ursprüngliche Ziel des Sports ist ein geregelter Wettstreit des Könnens und die Freude am Gewinnen oder Verlieren. Das ist in diesen Fällen und in jenen Kampfkünsten, die man als Sport bezeichnen kann, gut und völlig richtig. Der Zweck einer wahren Kampfkunst jedoch unterscheidet sind davon ganz und gar. In Angriff wie Verteidigung müssen wir immer eine echte Gefahr als Voraussetzung annehmen. Was der Gegner auch tut, es ist sinnlos, sich zu beschweren. Wir müssen einfach entsprechend handeln. Da unser Leben in Gefahr ist, müssen wir geistig und körperlich vorbereitet sein.

Wenn wir immer entsprechend festgelegter Regeln üben, werden diese Regeln, ohne daß wir es merken, Teil unseres Unbewußten und kommen wieder an die Oberfläche, wenn wir einer echten Gefahr gegenüberstehen. Und wenn wir von Regeln abhängig sind, denen kein echter Angreifer folgt, werden wir mit Sicherheit besiegt, wie jener junge Mann, der beim Üben grundsätzlich den Ärmel seines Gegners faßte, aber als ihn tatsächlich jemand angriff und er sich genauso verhielt, schlitzte ihm sein Gegner mit einem Messer den Magen auf. Selbstverständlich müssen wir immer die Möglichkeit in Betracht ziehen, daß in einem echten Kampf der Gegner auch auf andere Weise angreifen kann, als wir es gewohnt sind. Gewohnheiten, die wir beim Üben entwickelt haben, werden in echten Situationen wirksam.

Im Aikidō in Einheit von Geist und Körper überdenken wir die vielen Arten und Weisen, wie der Gegner angreifen kann und üben immer wieder, wie wir mit solchen Angriffen in Übereinstimmung mit den Prinzipien des Universums umgehen sollten. Wir pflanzen dies in unser Unbewußtes ein und üben so, daß wir selbst bei einem überraschenden Angriff unbewußt handeln und uns korrekt bewegen.

Wenn Sie den Einen Punkt im Unterbauch halten und Geist und Körper in Einheit bringen, sind Sie wie die ruhige Oberfläche eines Sees, die zuerst den Mond widerspiegelt und dann einen fliegenden Vogel und doch keine Spur von ihnen behält, wenn Sie vorüber sind, die aber bereit ist, selbst das leiseste Säuseln des Windes aufzunehmen. Dann sind Sie fähig, jede Bewegung, die Ihr Gegner machen könnte, schnell zu erfassen und auch den Geist jeder Bewegung um Sie herum richtig widerzuspiegeln. Aikidō in Einheit von Geist und Körper ist dazu da, diese Art von geistigem Zustand und richtigen Techniken auszubilden. Es ist aber äußerst schwierig, solch einen Zustand zu erreichen, wenn Sie Ihr Denken die ganze Zeit wegen Wettbewerben und Wettkämpfen in Unruhe halten. Dies ist der dritte Grund, warum Wettbewerbe im Aikidō in Einheit von Geist und Körper nicht erlaubt sind.

Wer in den Techniken gut und im Dōjō stark ist, ist in wirklich gefährlichen Situationen nicht immer der Nützlichste, und auch wenn man sehr intelligent ist, kann es passieren, daß man in entscheidenden Situationen unfähig ist, überhaupt etwas zu denken. Man erzählt sich die Geschichte eines Mannes, der in der Gefahr immer tapfer war, doch als er plötzlich und unerwartet auf einen Gegner traf, war er angesichts des Schwertes, das vor ihm blinkte, vor Furcht wie gelähmt. Glücklicherweise war auch der Feind überrascht und unfähig, sich zu bewegen, und so konnte er ihn gerade noch besiegen.

Menschen, deren Geist im gewöhnlichen Leben nicht geübt ist, reagieren in einer Krise häufig so. Jemand ist, wenn es darauf ankommt, nur dann nützlich, wenn er die Prinzipien des Universums im täglichen Leben übt und einen festen Blick auf die Welt und einen absolut unbeweglichen Geist bewahrt.

Kapitel 17

Die Einheit von Ruhe und Bewegung

Weil Sie denken, Ruhe und Bewegung seien vollkommen diametrale Gegensätze, halten viele Menschen schon den Gedanken an Einheit von Ruhe und Bewegung für befremdlich. Letzten Endes jedoch sind die beiden eins. Alle wahren Techniken des Aikidō in Einheit von Geist und Körper erfordern, daß derjenige, der sie ausführt, sich in diesem Zustand der Einheit von Ruhe und Bewegung befindet.

Übungen ruhiger Inaktivität sind zum Beispiel Zazen, Atemtechniken, ruhiges Sitzen und Beten. Aktive Übungen sind natürlich die Kampfkünste, Sport und körperliche Arbeit überhaupt. Wer sich hauptsächlich mit den ruhigen Übungen beschäftigt, verfällt jedoch leicht der Gewohnheit, nur die Ruhe zu schätzen und dadurch einen Zustand von toter Ruhe zu erreichen. Auf der anderen Seite schätzen diejenigen, die nur den aktiven Übungen folgen, oft nur die Aktivität und werden verrückt in ihrer Hast.

Obwohl wir sprachlich zwischen Ruhe und Aktivität unterscheiden, sind sie als Zustände, die beide dem Ki des Universums entstammen, ursprünglich dasselbe. Jedes der beiden beinhaltet die Existenz des anderen. Bewegung innerhalb der Ruhe oder Ruhe in der Bewegung bedeutet, daß der Zustand vollkommener Ruhe das Element außerordentlich heftiger Bewegung beinhaltet und daß heftige Bewegung von ihrem Wesen her absolute Ruhe einschließt.

Wenn wir ruhig sitzen, stellen wir uns vor, daß wir in einem Zustand vollkommener Ruhe sind. In Wirklichkeit jedoch bewegen wir uns mit großer Geschwindigkeit, da wir uns auf der Oberfläche der sich drehenden Erde befinden. Unsere ganze Ruhe schließt diese große Aktivität ein.

Die Kreisel, mit denen Kinder oft spielen, erreichen einen Zustand immer ruhigerer Stabilität, je schneller sie sich drehen, ja der Zustand größter Ruhe ist dann erreicht, wenn sie sich mit Höchstgeschwindigkeit bewegen. Die ganz und gar vollkommene Ruhe enthält notwendig das Wesen schnellster Bewegung. Das meinen wir mit ›Bewegung in der Ruhe‹. Wahre Ruhe bedeutet nicht, bewegungslos zu sitzen und zuzulassen, daß sich das Bewußtsein vernebelt. Ein Zustand dieser Art macht aus jedem Versuch, Zazen und Atmung zu üben, vergeudete Zeit. Wenn Sie das Gefühl haben, daß Sie in diesen Zustand verfallen, sobald Sie einer ruhigen Übung folgen, ist es viel besser, einzuschlafen und einen kräftigen Nachschub an frischem Ki aus dem Universums zu empfangen.

Wir müssen in der Lage sein, uns unverzüglich mit großer Geschwindigkeit zu bewegen, obwohl wir unserer äußeren Erscheinung nach vollkommen ruhig bleiben. Wir können uns am schnellsten und heftigsten bewegen, wenn wir äußerst ruhig sind. Wenn Ihr Geist klar und so ruhig bleibt wie die Oberfläche eines Sees, können Sie sich unmittelbar entsprechend jeder Bewegung Ihres Gegners bewegen, selbst angesichts seines blitzenden Schwertes. Wer viel Aufhebens um Tricks und ausgefeilte Mittel und Kunststückchen macht, ist nicht wert, erwähnt zu werden. Doch wer so ruhig ist, daß sein Gegner seine nächste Bewegung nicht vorhersagen kann, ist wahrhaft groß.

Ebenso wesentlich ist es auch, in der heftigsten Bewegung Ruhe zu bewahren. Wie das Meer, dessen tiefste Tiefen immer friedlich sind, welch starker Sturm seine Oberfläche auch zerfurchen mag, wie das Auge des Taifuns, um welches die heftigen Winde heulen, müssen wir unsere Ruhe stets bewahren. Die Kraft einer Bewegung entsteht aus der inneren Ruhe. Wenn wir diese besitzen, kommt unsere Atmung nicht durcheinander, mögen wir auch noch so schnell handeln. Wer diese Ruhe aber nicht beherrscht, wird außer Atem kommen, und schon eine geringfügige Tätigkeit wird seine Glieder schwer machen. Selbst jemand, der normalerweise in seinen Techniken sehr geübt ist, kann diese nicht ausführen, wenn seine Atmung ungleichmäßig ist. Wenn er einen Gegner vor sich hat, der ebenfalls die Kontrolle über seine Atmung verliert, ist alles in Ordnung. Wenn er jedoch mit vier oder fünf Männern kämpft und seine Atmung ungleichmäßig ist, merkt er bald, daß er sich überhaupt nicht mehr bewegen kann. Wir müssen uns daher immer bewußt sein, wie wichtig es ist, die Ruhe zu halten und die Atmung zu kontrollieren.

Um die Bewegung in der Ruhe und die Ruhe in der Bewegung zu beherrschen, müssen Sie Ihren Geist ganz auf den Einen Punkt im Unterbauch konzentrieren. Halbieren Sie den Einen Punkt unendlich lange, und Sie werden die Einheit von Ruhe und Bewegung finden. Gleichgültig, ob Sie in Bewegung oder in Ruhe sind, wenn Sie die Einheit von Geist und Körper bewahren, haben Sie das Geheimnis der Einheit von Ruhe und Bewegung gemeistert. Wenn Sie diesen Zustand erreicht haben, können Sie mit allen Verwicklungen, die die Welt bieten mag, in Gleichmut und Sorgfalt umgehen.

Kapitel 18

Regeln für Schüler

Das Training im Ki No Kenkyūkai besteht aus Ki-Unterricht (*Shin-Shin-Tōitsu-Dō*) oder ›Entwicklung von Ki‹ zum einen und Aikidō in Einheit von Geist und Körper (*Shin-Shin-Tōitsu-Aikidō*) zum anderen.

Der *Ki-Unterricht* umfaßt fünf Bereiche:

(1) Einheit von Geist und Körper

Hier lernt man die Ki-Prinzipien und die Vier Grundprinzipien der Einheit von Geist und Körper.

(2) Ki-Meditation

Um das Gespür für den Einen Punktes im Unterbauch zu vertiefen, halbiert man den Einen Punkt unendlich lange. Durch die Ki-Meditation können wir die Einheit von Ruhe und Bewegung und den göttlichen Geist verwirklichen.

(3) Ki-Atmung

Man lernt, gemäß den Prinzipien der Einheit von Geist und Körper zu atmen und dadurch das oberste Gebot eines langen und gesunden Lebens zu erfassen.

(4) Ki-Übungen

Tote Ruhe ist nicht die wahre Ruhe. Wahre Ruhe ist Ruhe in Bewegung. Man übt, wie man die Vereinigung von Geist und Körper in seinen Alltagstätigkeiten aufrechterhalten kann.

(5) Kiatsu®

Wenn Sie einmal über Ihre wahre Kraft verfügen, können Sie auch Krankheiten heilen. Wenn eine Gartenpumpe nicht mehr arbeitet, muß etwas Angießwasser hineingegossen werden, damit sie ihre Arbeit wieder verrichten kann. Auf dieselbe Weise geben wir beim Kiatsu® Ki in den erkrankten Körper, um ihn anzuregen, die Krankheit zu überwinden und zu befähigen, seine Lebenskraft zu aktivieren. Genauere Ausführungen dazu finden Sie in meinem Buch *Kiatsu: Heilung mit Ki.*

Diese fünf Punkte werden im Ki-Unterricht gelehrt. Da wir dabei nicht wie im Aikidō Wurftechniken üben, können auch ältere Menschen und sogar Kranke an ihm teilnehmen, denn gerade sie benötigen die Kraft aus der Einheit von Geist und Körper.

Aikidō in Einheit von Geist und Körper (*Shin-Shin-Tōitsu-Aikidō* oder Aikidō mit Ki)

Junge Menschen sollten ihren Körper üben, denn der Körper beherbergt den Geist. Gute Nahrung braucht ein gutes Gefäß. Viele Menschen kennen nicht die rechte Methode, ihren Körper zu üben und üben deshalb ohne jegliche Theorie. Solches Training ist für den Körper schädlich.

Aikidō mit Ki bedeutet, jede Bewegung gemäß den Prinzipien des Universums, den Vier Grundprinzipien der Einheit von Geist und Körper, zu üben — zu werfen und geworfen zu werden. Die Techniken des Aikidō in Einheit von Geist und Körper sind vernünftig, daher sind Verletzungen ausgeschlossen. Auch ältere Menschen und Kinder können daher ohne Angst üben.

Ehe Sie andere bewegen oder werfen, müssen Sie zuerst ihren Geist bewegen. Wenn Sie den Geist anderer bewegen können, folgt der Körper dem Geist von selbst. Ehe Sie den Geist anderer führen, müssen Sie aber fähig sein, Ihren eigenen Geist und Körper nach freiem Willen zu lenken. Aus diesem Grunde müssen Sie sich in den Vier Grundprinzipien der Einheit von Geist und Körper üben. Die Einheit von Geist und Körper ist ziemlich einfach zu verwirklichen, solange man sich nicht bewegt. Schwieriger ist es in der Bewegung und noch schwieriger in Bedrängnis oder wenn Sie angegriffen werden. Im Aikidō in Einheit von Geist und Körper üben wir, solche Situationen zu bewältigen. Während des Trainings werden die Prinzipien des Ki-Unterrichts angewandt und geübt. Genauere Details dazu finden Sie in dem Lehrbuch *Aikidō mit Ki* meines Schülers Koretoshi Maruyama.

(1) *Seien Sie aufgeschlossen und aufrichtig*

Nicht nur beim Ki-Training, sondern bei allem, was Sie lernen, ist Aufgeschlossenheit und Offenheit erforderlich. Einige Menschen, die durch frühere Erfahrungen oder erworbenes Wissen geschädigt sind, sind unfähig, irgend etwas mit Offenheit zu lernen. Diese Menschen haben das, was wir schlechte Gewohnheiten nennen. Sie beurteilen alles nur auf der Grundlage ihrer eigenen engen Erfahrung und denken, daß das, was ihnen paßt, richtig sei, und was ihnen nicht paßt, falsch. Dies ist nicht der Weg des Fortschritts.

Nehmen wir an, wir haben ein mit Wasser gefülltes Glas. Wenn wir versuchen, mehr Wasser hineinzuschütten, fließt es über, und nur ein wenig davon wird im Glas bleiben. Machen Sie es leer, und es wird eine Menge frisches Wasser aufnehmen können. Wenn Ihr Kopf mit diesem und jenem überfüllt ist, können sie nichts aufnehmen, was auch immer Neues Sie zu lernen versuchen. Offen und aufrichtig zu sein, ist eine gute Möglichkeit, Ihren Kopf von dem unnützen Ballast zu befreien, der sich in ihm angesammelt hat. Durch das Ki-Training begeben Sie sich auf den Weg des Fortschritts aus der Welt des Körperlichen in eine Welt mit dem Geist als Mittelpunkt, aus der Welt dualistischen Denkens in eine des Absoluten, aus der Welt des Kämpfens in eine Welt des Friedens.

Wenn Sie beim Studium von Ki nicht ganz und gar bescheiden bleiben, wird es nicht bei Ihnen bleiben.

Einige Menschen entscheiden ein für alle Mal in

ihrem Herzen, daß sie nicht bereit sind zu glauben, was irgend jemand sagt. Vielleicht haben sie das Gefühl, allem gegenüber mißtrauisch sein zu müssen, damit man sie nicht täuscht. Alles kann positiv und negativ interpretiert werden. Ständiges Mißtrauen bewirkt aber nur negative Interpretationen und die Unfähigkeit, selbst über gute Dinge gut zu denken.

Natürlich ist es gefährlich, alles, was Sie hören, zu glauben, denn Sie können nicht wissen, wohin solche Leichtgläubigkeit Sie führt. Aber dennoch ist derjenige, der davon überzeugt ist, daß er alles auf der Welt bezweifeln muß, dazu verurteilt, ein Leben zu führen, das auch den Zweifel an sich selbst einschließt.

Eine junge Lehrerin in den USA bat mich einmal, ihr etwas über Ki zu erzählen. Ich erklärte ihr den Gedanken, daß der Geist den Körper lenkt sowie das Prinzip des unbeugbaren Armes. Darauf ließ ich sie ihren Arm so sehr anspannen, wie sie konnte und beugte ihn. Sie meinte: »Sie können mein Arm beugen, weil Sie stark sind und ich schwach.« »Gut«, sagte ich, »dieses Mal spannen Sie Ihren Arm nicht an, sondern denken mit ganzem Herzen, daß die Kraft Ihres Geistes tausend Kilometer weit fließt.«

Es hatte äußerlich den Anschein, daß sie tat, worum ich sie gebeten hatte, aber ich konnte ihren Arm noch immer beugen. Ich versuchte, ihr die Tatsache zu vermitteln, daß ich ihren Arm deshalb beugen konnte, weil sie nicht so denken wollte, wie ich sie gebeten hatte, es zu tun. Als ich sie aufforderte, ehrlich darüber nachzudenken, was sie tue, behauptete sie, ehrlich gewesen zu sein. In wiederholten Versuchen konnte ich ihren Arm jedoch immer beugen.

Da weitere Erklärungen sinnlos gewesen wären, bat ich eine andere Frau, die dabeistand, uns zu helfen. Ich bat sie, zuerst ihren Arm anzuspannen. Das tat sie, und die Lehrerin konnte ihn beugen. Als nächstes bat ich unsere neue Assistentin, ihren Arm zu entspannen und sich auf die Kraft ihres Geistes zu konzentrieren, welcher tausend Kilometer weit fließt. Diesmal konnte die Lehrerin den Arm nicht beugen, und die andere Frau meinte: »Das ist wunderbar, ich verstehe es ganz genau.«

Doch die Lehrerin bestand darauf, daß sie den Arm der anderen deshalb nicht beugen könne, weil diese stärker sei, obwohl sie selbst tatsächlich die Größere und Stärkere der beiden war. Ich warf ein, daß sie doch den Arm der Partnerin beugen konnte, als er angespannt war, worauf sie antwortete: »Sie ließ ihn mich eben absichtlich beugen.«

Obwohl jene dies verneinte, weigerte sich die Lehrerin engstirnig, ihr zu glauben. Ich sah keinen Sinn in weiteren Erklärungen. Hätte das Gespräch in japanischer Sprache stattgefunden, hätte ich wahrscheinlich weitergemacht, aber mein armseliges Englisch reichte für diese Aufgabe nicht aus.

Die Bibel lehrt, daß die gesegnet sind, die glauben. Menschen von der Art dieser Lehrerin fordern es geradezu heraus, unglücklich zu sein. Ich frage mich nur, auf welcher psychologischen Grundlage sie in der Schule unterrichtet. Ihr Glas ist voll mit abgestandenem Wasser, und man kann nicht ein bißchen frisches Wasser dazugießen.

Obwohl die Lehrerin schon ein extremer Fall war, ist dieser Typ an sich aber mehr oder weniger normal. Menschen dieser Art hemmen ihren eigenen Fortschritt. Positives und negatives Denken sind verschieden, aber viele bringen beides durcheinander. Wenn wir unsere getönten Brillen abnehmen und geradlinig denken, können wir selbst sagen, was richtig und was falsch ist. Es ist gut, zu studieren und eine Menge zu lernen, aber es ist dumm, seinen eigenen Fortschritt zu behindern, indem man sich auf den Seitenpfaden des Mißtrauens verliert. Aus diesem Grunde macht ein ehrlicher, offener Mensch im Ki-Training umso schnellere Fortschritte.

(2) *Seien Sie beharrlich*

Wenn Sie mit etwas beginnen, müssen Sie es durchschauen. Wenn Sie etwas nur zum Vergnügen machen, ist es in Ordnung, es mal hier, mal dort ein bißchen zu versuchen. Aber wenn Sie einmal entschieden haben, daß dies der Weg ist, dem Sie folgen wollen, dann ist es falsch, auf halbem Wege aufzuhören. Dies zu tun, beweist nur die Schwäche Ihrer Willenskraft.

Bei manchen Dingen kann es sein, daß die Arbeitsbedingungen oder andere Beschränkungen es unmöglich machen, mit etwas, das Sie einmal begonnen haben, weiterzumachen. Da aber das Ki-Training in den Alltag übergreift und Sie Geist und Körper immer bei sich haben, gibt es keine echte Entschuldigung dafür, aufzuhören.

Was auch immer Sie sich zu lernen entschließen, auf Ihrem Weg werden Sie auf manche harte Mauer stoßen. Etwas einfach nur so anzufangen und gleich wieder damit aufzuhören, ist ein spezieller Fall, denn dann beabsichtigt derjenige nie, wirklich weit zu gehen. Aber manchmal hat jemand den Willen, weiterzumachen, gibt aber auf, sobald er auf eine Schwierigkeit stößt. Manche geben das Ki-Training nach einem oder zwei Monaten auf, bei anderen dauert es sechs Monate. Wer aber einmal ein Jahr lang geübt hat, bleibt normalerweise lange. Mit anderen Worten heißt das, daß es ungefähr ein Jahr dauert, um einen Geschmack von dem zu bekommen, was Ki-Training wirklich ist. Wer bereits nach einem Monat aufgibt, sich beschwert und Kritik übt, verhält sich deshalb so, weil er es noch nicht gut versteht.

Mag eine Glocke noch so groß sein, wenn man sie nur leicht anschlägt, kann sie nur einen schwachen Ton geben. Wir müssen aber vollkommen verstehen, daß es die Schwäche des Schlages ist, die den Klang schwach macht, und daß der Fehler nicht bei der Glocke liegt.

Das ist genau wie in der alten Geschichte von den zwei Blinden und dem Elefanten. Da sie nicht das ganze Tier befühlen konnten, kam jeder zu der Meinung, ein Elefant sei gerade der Teil, den er betastete. Derjenige, der das Bein betastete, hielt einen Elefanten für eine hohe Säule und derjenige, der den Rüssel befühlte, hielt ihn für etwas wie einen langen Pfahl. Für sich genommen hatte keiner der beiden unrecht, aber das, was sie als einen Elefanten beschrieben, kam der Wirklichkeit in nichts nahe. Bevor wir nicht das Ganze sehen können, können wir auch nicht verstehen, womit wir uns beschäftigen.

In neuerer Zeit geben einige Leute vor, eine Zusammenstellung der besten Techniken aus dem Jūdō, Karate und Kendō zu lehren. Das wäre schön und gut, wenn sie wirklich alle guten Aspekte lehrten, aber man kann leicht nachvollziehen, daß das, was sie darbieten, gleich dem Elefanten der zwei Blinden ist. Mit der wirklichen Sache hat es nichts zu tun.

Es ist nicht einfach, irgend etwas gründlich zu untersuchen, besonders im Falle des Ki-Trainings, wo es darum geht, die Gesetze des Universums zu ergründen und sie in der Praxis zu verwirklichen. Wir müssen uns ganz und gar bewußt sein, daß das Ki-Training etwas ist, mit dem wir das ganze Leben lang weitermachen. Den Einen Punkt im Unterbauch halten, sich vollkommen entspannen und positives Ki bewahren sind Teile der angenehmen und wohltuenden Lebenshaltung, die der Natur am ehesten gemäß ist. Für die Entwicklung Ihrer Persönlichkeit ist es unabdingbar, aus sich ein hervorragendes Mitglied der Gesellschaft zu machen. Ihr ganzes Leben damit fortzufahren bedeutet, daß Sie dem richtigen Weg folgen.

Wir treffen in unserer Übung auch auf Schwierigkeiten. Wir fühlen uns irgendwie überfordert oder haben es satt. Willensschwache und selbstgefällige Menschen geben dann leicht auf. Wenn wir uns aber nicht beklagen oder versuchen, uns zu rechtfertigen, sondern geduldig weiterüben, können wir alle Schwierigkeiten überwinden. Haben wir die erste Mauer auf unserem Weg einmal überwunden, erweitert sich unser Gesichtsfeld, die Dinge werden interessanter, und wir kommen stetig voran. Beim nächsten Hindernis sind wir schon darauf vorbereitet, auch dieses zu überwinden und weiterzugehen. Betrachten Sie jedes neue Hindernis optimistisch als Beweis dafür, daß Sie auf dem Weg schon bis zu ihm fortgeschritten sind. Ein alter Spruch besagt, daß wir wahres Vertrauen nur in dem Maße erlangen, wie wir den Zweifel immer wieder aufs neue überwinden.

(3) *Es gibt Unterschiede in Techniken und Lehrmethoden*

Ich möchte diese Gelegenheit wahrnehmen, um Anfänger zu beruhigen, die oftmals fragen: »Auf wen soll ich eigentlich hören? Die Techniken und Lehrmethoden ändern sich mit jedem Lehrer und führen uns Neulinge in die Irre.«

Obwohl sie in dasselbe Sonnenlicht getaucht und mit demselben Regen gesegnet sind, wachsen und gedeihen die Bäume verschieden, je nach ihrer Art. Obwohl wir alle den gleichen Ki-Prinzipien folgen, unterscheiden sich die Lehrmethoden entsprechend der Persönlichkeit jedes Individuums, und die Techniken nehmen eine etwas unterschiedliche Färbung an. Natürlich ist hier nicht die Rede von Techniken, die eindeutig von den Ki-Prinzipien abweichen. Wenn sie aber mit diesen Prinzipien übereinstimmen, dürfen uns äußerliche Unterschiede nicht befremden.

Aikidō in Einheit von Geist und Körper besteht aus Techniken, die das Wesen und die Prinzipien des Universums durch den menschlichen Körper ausdrücken. Wie auch das Universum zwischen Frühling, Sommer, Herbst und Winter variiert, gibt es Techniken, die freundlich sind wie leichter Frühlingswind und solche, die streng sind wie die Fröste des Herbstes. Sie können sich mit der Zeit und dem Ort ohne weiteres ändern. Im allgemeinen übt der Anfänger die freundlichen Techniken, aber da er wächst und sich sein Körper entwickelt, kommt er einmal an den Punkt, an dem er auch die strengeren ausführen kann. Folglich kann ein Lehrer die Frühlings-, ein anderer die Herbsttechniken lehren — wenn beide den Ki-Prinzipien folgen, machen es beide richtig.

Ich sage auch: »Sieh Dir zuerst den Schüler an, und erkläre dann die Technik.« Das bedeutet, daß sich die Lehrmethoden auch entsprechend der Erfahrung, dem Alter und der Persönlichkeit des Schülers unterscheiden. Wir haben im Unterricht oft eine bunte Mischung aus Jüngeren und Älteren, Frauen und Männern, Erfahrenen und Unerfahrenen. Dann wird die Lehrmethode davon abhängen, welchen Entwicklungsstand hervorzuheben der Lehrer sich entschließt.

So wie viele Pfade auf den Gipfel eines Berges führen können, so können viele Erklärungsmethoden zum

Verständnis ein und derselben Technik führen.

Zum Beispiel kann ein Lehrer beim Erklären des unbeugbaren Armes sagen: »Konzentrieren Sie sich darauf, daß Ihr Ki durch den Arm fließt und sich bis zum Rand des Universums ausdehnt«, wogegen ein anderer, nachdem er den Einen Punkt im Unterbauch erklärt und Ihnen gesagt hat, Sie sollen den Arm hochheben, sagen mag: »Denken Sie an überhaupt nichts.« Der eine sagt: »Denken Sie dies«, der andere: »Denken Sie nichts.« Der gesunde Menschenverstand scheint uns zu sagen, daß dies unvereinbare Gegensätze sind und daß die beiden Lehrer den Anfänger täuschen. Tatsache ist jedoch, daß kein Gegensatz existiert. Denn beide haben recht, weil Ki fließen lassen und den Einen Punkt im Unterbauch halten dasselbe ist.

Aus diesen und anderen Gründen unterscheiden sich die Techniken und Lehrmethoden, aber der Anfänger sollte sich anhören, was sein Lehrer ihm beim Üben sagt. Wenn er mit nüchternem Kopf zuhört, wird er wissen, wann eine Technik des Lehrers mit den Ki-Prinzipien nicht übereinstimmt. In diesem Fall sollte er sie nicht lernen. Lehrer haben unterschiedliche Erfahrung, und manchmal verstehen auch sie etwas falsch. Seltener finden wir Lehrer, die eitel sind oder die versuchen, ihre eigene Art von Technik zu unterrichten. Aber durch fortgesetztes und aufmerksames Üben merkt der Schüler, was mit den Prinzipien übereinstimmt und was nicht.

Es genügt nicht, Ki nur theoretisch zu lernen. Da Sie immer und immer wieder üben müssen, bis Sie Geist und Körper verfeinert haben — ohne Rücksicht darauf, wer Ihr Lehrer ist —, ist es wichtig, so hingebungsvoll zu üben, wie sie können. Denken Sie daran, daß Menschen, die nichts tun als kritisieren, normalerweise die langsamsten Fortschritte machen.

(4) *Seien Sie Schüler und Lehrer*

Schließlich sollten Sie auch verstehen, daß Sie, auch wenn Sie noch lernen, gleichzeitig auch lehren.

Wenn Sie etwas nur halbwegs lernen, gehen die Feinheiten zum einem Ohr hinein und zum anderen hinaus. Aber im Falle der Ki-Prinzipien der Einheit von Geist und Körper kann eine kleine Bewegung des Kopfes oder eines Fingers schon sehr bedeutsam sein und einen großen Unterschied in der Wirksamkeit der Technik bewirken. Wenn Sie jemanden nicht werfen können, so sehr Sie sich auch bemühen, macht eine kleine Änderung in der Art, wie Sie Ihren Finger beugen, das Werfen manchmal ganz leicht. Obwohl eine Drehung des Kopfes oder des Fingers so einfach ist, daß wir sie oft gar nicht beachten, bewirken solche Bewegungen einen Richtungswechsel im Ki-Fluß und sind daher von sehr großer Bedeutung.

Wenn Sie etwas mit dem Gedanken lernen, anschließend nach Hause zu eilen und es Ihrem Bruder oder sonst jemandem zu zeigen, werden Sie besonders aufmerksam sein, genau zuhören und sicher sein wollen, es gut zu lernen. Wenn Sie immer mit dem Gedanken lernen, daß Sie eines Tages das, was Sie lernen, selbst unterrichten werden, werden Sie sogar noch schneller fortschreiten.

Ki-Training bedeutet, die Gesetze des Universums zu lernen und sie in die Praxis umzusetzen. Doch die meisten Menschen dieser Welt kennen diese Regeln nicht. Wenn Sie heute eine davon lernen, kennt zumindest ein Mensch mehr dieses eine Gesetz. Gleichzeitig wurden Sie damit auch Lehrer mit der Fähigkeit, andere darin zu unterrichten. Wenn Sie nämlich heute den unbeugbaren Arm lernen, sind Sie morgen in der Lage, ihn jedem zu erklären und beizubringen.

Um wieviel besser werden Ihre Fähigkeiten sein, andere zu unterrichten, wenn Sie einmal die Gesetze des Universums selbst anwenden können!

Wenn jeder Mensch in dem Bewußtsein lernen würde, ein führendes Mitglied der Gesellschaft zu werden und fähig zu werden, einen dauerhaften Beitrag in ihr zu leisten, so würde die Welt in ebendiesem Maße schöner.

Kapitel 19

Regeln für Lehrer

Es ist leichter zu lernen als zu lehren. Etwas einfach so zu erklären, ohne sich darum zu kümmern, ob es der Schüler versteht oder nicht, ist ziemlich einfach. Aber wenn Sie andere wirklich leiten, unvoreingenommen unterrichten und immer die persönlichen Charakteristika und Lerngewohnheiten eines jeden in Betracht ziehen mit dem Ziel, die Schüler zu befähigen, die Sache wirklich zu beherrschen, so ist das keine leichte Angelegenheit. Ki-Unterricht ist sogar besonders schwierig, denn in ihm müssen wir einen Menschen aus der Welt des Körperlichen in die Welt des Geistigen erheben, die Einheit von Geist und Körper unterrichten und die Schüler dahin führen, daß sie das, was Sie unterrichten, auch in die Praxis umsetzen können.

Es leuchtet natürlich ein, daß der Lehrer das, was er lehrt, selbst bewältigt und in die Praxis umgesetzt haben und davon überzeugt sein muß. Wenn wir die Regeln des Universums auf falsche Weise lehren, ist es so, als führte ein Blinder Blinde, und man kann sich kaum ausmalen, auf welch irrige Pfade man dadurch gelangen kann. Als Lehrer müssen wir unsere Augen gut geöffnet halten und akzeptieren, daß wir für das, was wir tun, vollkommen verantwortlich sind.

(1) *Gemeinsam wachsen*

Manchmal treffen wir im Ki-Training Leute, die zwar eifrig üben, aber nur an ihrem eigenen Fortschritt interessiert sind und unzufrieden schauen, wenn sie gebeten werden, neuere Schüler anzuleiten. Sicher ist es gut, wenn jemand viel lernen will, aber wenn sich nur die Techniken verbessern, können Menschen mit einer ichbezogenen Haltung nur einen bestimmten Punkt erreichen — den Punkt nämlich, bis zu welchem der Körper Fortschritte machen kann. Das Reich des geistigen Fortschritt bleibt für sie jedoch verschlossen.

Das Grundprinzip von Ki ist die Liebe und das Beschützen aller Dinge. Unser Geist ist eins mit dem Geist des Universums. Aus diesem Grunde befindet sich unser Ki in ständigem Austausch mit dem Ki des Universums. Die Haltung ›Mit mir ist alles in Ordnung‹ — mit anderen Worten Egoismus — hemmt den Ki-Fluß und hindert uns daran, die wahren Lehren des Universums mit unserem Herzen zu empfangen. Egoismus führt auch direkt zu Eitelkeit, die ebenfalls den Fortschritt hemmt.

Selten heißt es in dieser Welt: »Für das Wohl der anderen.« Viel eher sind wir bereit, nach bestem Vermögen etwas für andere zu tun, um ihre Dankbarkeit zu gewinnen, und wir werden ärgerlich, wenn nicht alles genauso läuft wie geplant. Alles, was wir zum Wohle anderer tun, dient eigentlich unserem eigenen Wohl. Wir tun es größtenteils, um unsere eigenen Verdienste zu vermehren. Sind schließlich nicht wir diejenigen, die am meisten profitieren, wenn wir uns nach besten Kräften für andere verwenden, da wir dabei selbst Fortschritte machen? Auch im Ki-Training kommt der am weitesten voran, der dieses Prinzip am eifrigsten übt und das meiste tut, um seine Schüler auf der Straße des technischen und geistigen Fortschritts zu führen.

Die anderen Kampfkünste lehren, daß wir nur dann stärker werden, wenn wir immer mit Partnern üben, die stärker sind als wir. Selbstverständlich ist es auch für den Fortschritt im Aikidō in Einheit von Geist und Körper wichtig, Leute zu treffen, die stärker und weiter fortgeschritten sind als wir und von denen wir viel lernen können, aber Übung dieser Art allein reicht keinesfalls aus. Vielmehr müssen wir, nachdem wir im Aikidō in Einheit von Geist und Körper selbst etwas gemeistert haben, unter Ausnutzung all unseres Wissens die jüngeren Schüler in Freundschaft auf diesem Weg führen. Wir schreiten voran, indem wir andere unterrichten, denn Lehren ist eine Form von Lernen.

Wer korrekte Grundsätze lehrt, sollte selbst keine Fehler machen. Wer anderen sagt, sie sollen nicht wütend werden, sollte selbst nicht die Beherrschung verlieren. Wir sollten uns selbst so verhalten, wie wir andere unterrichten, und in dem gleichen Maß, wie wir schlechte Gewohnheiten anderer korrigieren, müssen wir unsere eigenen ablegen.

Sicher ist es nicht leicht, jemanden, der langsam lernt und viele schlechte Gewohnheiten hat, so weit zu unterrichten, daß er schließlich die Techniken richtig ausführen kann, aber wenn wir ihn immer im Blick behalten, unsere Arbeit auf den korrekten Prinzipien aufbauen und versuchen, ihm zumindest ein wenig beizubringen, wird unsere Bemühung schließlich auch Erfolg haben. Im gleichen Maße wird auch derjenige, der unterrichtet, in den Techniken, die er lehrt und in den Feinheiten der Ki-Prinzipien immer größere Fortschritte machen.

Der Schüler ist natürlich dankbar für den Unterricht, aber auch der Lehrer muß für die Möglichkeit, durch ihn eine gute Schulung zu erhalten, dankbar sein. Durch ernsthafte und freundliche Bemühungen, andere zu führen, machen wir in den Techniken und auch als Persönlichkeit Fortschritte.

Es ist falsch zu glauben, man könne nur durch Unterdrückung anderer eine höhere Position als jene erreichen. Es ist viel schöner, dadurch weiterzukommen, daß man andere Fortschritte machen läßt. Der Weg des Ki besteht darin, zusammen mit seinem Partner zu lernen, zusammen mit ihm Fortschritte zu machen und ihm zu helfen. Das ist sicherlich ein guter Weg, dem man im alltäglichen Leben ebenso folgen kann.

Seien Sie mit einer Technik, die Sie gelernt haben, nicht geizig. Die Prinzipien, die man vom Universum gelernt hat, in seinem Herzen unter Verschluß zu nehmen, ist nicht der richtige Weg, weitere Segnungen zu empfangen. Wir müssen lieben und dabei nicht geizen. Wenn wir von dem Gelernten abgeben, so viel wir können, können wir immer noch mehr lernen. Haben Sie keine Angst, der Vorrat könnte sich erschöpfen — das Universum ist unendlich.

(2) *Ein Lehrer muß bescheiden sein*

Manch einer möchte ein wenig prahlen, nur weil er den Platz eines Lehrers einnimmt. Aber nur weil er unterrichtet, muß er nicht notwendigerweise alles, was das Universum zu lehren hat, gemeistert haben. Er mag einen Schritt weiter sein, aber er ist immer noch ein Weggefährte seiner Schüler auf der Straße des Universums, und der Vorausgehende sollte die Nachfolgenden stets auf ihrem Weg führen.

Ein Lehrer, der sich für ein perfektes Wesen hält, erliegt einer lächerlichen Illusion. Eitelkeit verschließt die Augen des Geistes und führt eher zu Rückschritt als zu Fortschritt. Wenn Sie nachlässig sind, werden die Jüngeren Sie immer mehr in den Hintergrund drängen. Ein Fehler bleibt ein Fehler, auch wenn ein großer Lehrer ihn begeht, und eine richtige Handlung ist auch dann richtig, wenn ein Anfänger sie ausführt. Es ist des Lehrers unwürdig, allein mit dem Ansehen als Inhaber dieser Position zufrieden zu sein. Er muß ständig auf der Suche nach echtem Fortschritt bleiben. Er wird nur dann ein großer Lehrer, wenn er ein bescheidenes Herz behält.

(3) *Die Schüler sind der Spiegel des Lehrers*

Solange Schüler und Lehrer Weggefährten auf der Straße des Universums sind, sind beide wie Spiegel, in denen einer den anderen spiegelt. Die Tugenden und

Schwächen des Lehrers sind im Schüler sichtbar und umgekehrt. Wenn der Schüler aufrichtig übt, wird der Lehrer mit Aufrichtigkeit unterrichten, und beide können zusammen reifen und sich entwickeln. Begegnet ein Schüler dem Lehrer respektlos oder zeigt er nur Interesse an den Techniken, weiß das der Lehrer, und der Schüler wird nicht in der Lage sein, das Beste, das der Lehrer anzubieten hat, zu lernen. Auch wenn der Lehrer in seinen Anweisungen vollkommen aufrichtig ist, ist ein Schüler mit dieser Haltung nicht fähig, diese wirklich aufzunehmen.

Wenn Sie sich einmal entschließen, bei einem bestimmten Lehrer zu lernen, so benutzen Sie Ihren unreifen Geist nicht dazu, ihn zu kritisieren. Lernen Sie so enthusiastisch, daß Sie dabei fast sogar seine persönlichen Angewohnheiten übernehmen.

Natürlich spiegelt sich der Geist des Lehrers in seinen Schülern wider. Ist ein Lehrer eitel, sind es auch seine Schüler. Schneidet er auf, werden auch seine Schüler es tun. Sieht er sie geringschätzig an, werden sie ihm dieses Gefühl zurückgeben. Ein Lehrer jedoch, der die korrekten Ki-Prinzipien erklärt und sie in die Praxis umsetzt, wird gute Schüler heranbilden.

Der Lehrer ist der Spiegel der Schüler, und die Schüler sind der seine. Ein Lehrer, der bei seinen Schülern schlechte Gewohnheiten findet, sollte diese als Spiegelungen der seinen ansehen. Das Bild, das ein Lehrer in seinen Schülern sieht, ist eine Ermahnung an ihn, seine Anstrengungen noch eifriger fortzusetzen.

Ein Lehrer, der die Prinzipien des Universums lehrt,

darf nicht vergessen, daß die Schüler ihn beobachten. Seine Worte und Handlungen müssen mit dem Prinzip der Einheit von Worten und Handlungen, das er erklärt, übereinstimmen. Es ist ganz wesentlich für ihn, die Einstellung zu bewahren, daß er von seinen Schülern lernen kann.

(4) *Recht, nicht Macht*

Es ist zwar gut, wenn ein Lehrer seine Schüler lehrt, stark zu werden, doch darf Stärke nicht sein einziges Ziel sein. Die Haltung, daß das Recht auf der Seite des Mächtigen sei, ist nicht lobenswert. Da immer mehr Menschen sich zum Gesetz der Macht bekennen, nehmen auch Unordnung und Kriegsgefahr zu. Im Ki-Training, dessen Ziel die Einheit von Geist und Körper und die Vervollkommnung der menschlichen Persönlichkeit ist, ist schon ein kleiner Wunsch nach Macht oder Selbstzufriedenheit darüber, daß man zum Beispiel alle Techniken kennt, eine Schande und erfordert eine Korrektur. Im Aikidō in Einheit von Geist und Körper gibt es Tausende von Techniken und Zehntausende von Variationen. Wenn Sie einmal eine gewisse Menge davon gelernt haben und die Ki-Prinzipien vollkommen gemeistert haben, können Sie sich auch selbst neue Techniken ausdenken und neue Bewegungen entdekken. Doch das ist nur möglich, wenn Sie die den richtigen Prinzipien folgen.

Manche erfinden eine neue Technik, probieren sie an

jemandem aus, sehen, daß sie funktioniert und denken, sie hätten tatsächlich eine neue Technik geschaffen. Wenn ein Erwachsener eine Technik an einem Kind ausprobiert, wird er wahrscheinlich Erfolg haben, ob er sie richtig macht oder nicht. Ebenso wird jemand mit vier oder fünf Jahren Erfahrung sicher Erfolg haben, wenn er eine Technik mit einem Anfänger ausprobiert. Das Problem ist aber nicht, ob eine Technik funktioniert, sondern ob sie richtig ist. Eine falsche Technik funktioniert nicht einmal mit einem wenig erfahrenen Anfänger wirklich.

Manche Lehrer lassen ihre Schüler gern eine Technik an sich ausprobieren, um sie zu demütigen und ihnen zu zeigen, wie stark sie sind. Ein Lehrer sollte die schwachen Punkte seiner Schüler korrigieren, nicht aber ihre technische Entwicklung auf halbem Wege anhalten. Will er mit seiner Stärke angeben, wird er sicherlich Widerstand unter den Schülern erregen. Er lehrt dann nicht das Prinzip des Nicht-Kämpfens, sondern den Weg des Kämpfens. Die Schüler verlieren den Mut, den richtigen Weg zu suchen und wollen selbst auch nur noch stark werden.

Sie müssen immer in Bescheidenheit versuchen, das, was Sie unterrichten, mit den korrekten Prinzipien in Ubereinstimmung zu bringen und alles zu vermeiden, was ihnen widerspricht. Ihre Haltung als Lehrer muß immer eine Suche nach dem sein, was mit den Prinzipien übereinstimmt und der Wunsch, diese Dinge anderen weiterzugeben.

Nicht der Mächtige ist im Recht, sondern wer im

Recht ist, ist mächtig. Aber auch wenn manchmal unter denen, die im Recht sind, schwache Menschen sind, bedeutet dies nicht, daß die Schwachen an sich immer im Recht wären. Der Weg, der mit den Gesetzen des Universums übereinstimmt, ist auch der Weg zu größter Stärke. Wir müssen all unsere Bemühungen darauf richten, dies zu beweisen und der Welt zu zeigen, daß Recht Macht ist.

(5) *Das Verhalten macht den Lehrer, nicht sein Alter*

Es gibt die Vorstellung, man könne nicht unterrichten, ehe man nicht selbst ganz und gar stark geworden ist. Manche Menschen mit mehr Erfahrung weigern sich, die weniger Erfahrenen zu unterrichten, weil sie fühlen, daß sie selbst noch zu schwach und unerfahren sind. Aber Stärke und technisches Können zu besitzen und ein guter Lehrer zu sein, sind zwei verschiedene Dinge. Der Starke ist nicht immer ein guter Lehrer. Natürlich ist es gut, wenn jemand stark und ein guter Lehrer ist, aber er kann auch schwächer und in den Techniken nicht hundertprozentig geübt sein und doch andere erfolgreich unterrichten. Ein guter Schwimmtrainer muß nicht unbedingt ein Spitzenschwimmer sein.

Um ein guter Lehrer zu werden, muß man anderen freundlich und begeistert und nach bestem Wissen die grundlegenden Prinzipien erklären. Lernen Sie einen Tag oder ein Jahr lang, und Sie können ein ausgezeichneter Lehrer dessen sein, was Sie an diesem Tag oder in diesem Jahr gelernt haben.

Nehmen wir an, jemand fragt Sie, wie man in die Stadt X kommt. Sie sind selbst nie dort gewesen, haben aber gehört, daß man dazu die Straße geradeaus gehen muß. Wenn Sie sagen: »Ich bin nie in X gewesen und habe daher kein Recht, Ihnen zu sagen, wie man dorthin kommt«, so ist dies das gleiche, als wenn Sie sagen, Sie können niemandem einige Details der Ki-Prinzipien erklären, nur weil sie fühlen, daß Sie noch unreif sind. Eine solche Antwort ist zwar geradeheraus und ehrlich, aber wenig freundlich. Sie könnten genausogut sagen: »Ich war zwar nie in X, habe jedoch gehört, daß man, wenn man die Straße geradeaus geht, dort hinkommt.« Wenn Sie die Gesetze des Universums studiert haben und Vertrauen in sie haben, können Sie ohne Zögern zugeben: »Ich selbst bin zwar noch nicht vollkommen, aber dies habe ich gelernt. Laßt uns also gemeinsam üben.« Wenn Sie warten, bis Sie alles beherrschen, ehe Sie andere unterrichten, werden Sie niemals etwas unterrichten, denn das Universum ist unendlich. Genau gesehen sind wir alle noch unreif. Die besten Lehrer sind diejenigen, die mit fester Überzeugung versuchen, zusammen mit anderen auf dem WEG fortzuschreiten.

Ein etwa fünfzigjähriger Mann, der gerade den ersten Dan im Aikidō in Einheit von Geist und Körper erreicht hatte, zog von Hawaii nach Guam um und fragte mich, wie er sein Training fortsetzen könne. Es gab kein Dōjō in Guam. Ich sagte ihm, er würde große

Fortschritte machen, wenn er eine Gruppe von Freunden sammeln und ihnen beibringen könnte, was er weiß. Er wandte ein, daß er noch nicht genügend könne und es ihm an Selbstvertrauen mangle, andere zu unterrichten. Ich erklärte ihm, daß auch ich, obwohl ich noch nicht ausgelernt habe, andere unterrichte, weil der Weg, dem ich folge, ein umfassender und richtiger Weg ist. Wenn er davon überzeugt sei, daß das, was er gelernt habe, wahr ist, müsse er auch andere unterrichten können.

Ich erklärte ihm weiter: »Die Menschen, die Sie unterrichten werden, kennen nicht einmal den unbeugbaren Arm, und Sie können gar nicht ahnen, wie sehr es jedem Ihrer Schüler auf seinem Weg helfen mag, dies von Ihnen zu lernen. Wenn Sie einen Tag lang lernen, können Sie das, was Sie an diesem einen Tag gelernt haben, auch unterrichten, und da Sie die ganze Zeit bis zum ersten Dan gelernt haben, gibt es keinen Grund, warum Sie nicht auch in der Lage sein sollten zu unterrichten.«

Ich überzeugte ihn zwar, daß niemand zögern soll, den Weg des Universums zu unterrichten, doch dann fragte er ganz direkt: »Was sage ich, wenn jemand daherkommt, der größer und stärker ist als ich?« Ich antwortete: »Loben Sie denjenigen wegen seiner Stärke und sagen Sie ihm, daß seine Stärke mit dem Alter schwinden wird. Lehren Sie ihn, daß es nötig für ihn ist, seinen Geist zu üben, denn es ist der Geist, der den Körper lenkt. Sagen Sie ihm: ›Körperliche Stärke ist begrenzt. Ich bin noch wenig entwickelt und mit mehr als fünfzig Jahren nicht sehr stark. Aber ich lerne Wege, meinen Geist zu üben und bin sicher, auf diese Weise künftig große Fortschritte zu machen. Das Aikidō in Einheit von Geist und Körper, das ich lerne, ist der wahre Weg des Universums. Wenn Sie mir folgen und auch lernen, werden Sie sogar noch stärker. Mit zunehmendem Alter machen Sie Fortschritte. Sie werden ihre schlechten Gewohnheiten ablegen und Ihre Persönlichkeit entwickeln. Ich bin jetzt mitten im Lernen; warum üben wir nicht zusammen?‹. Wenn Sie solche Worte gebrauchen, wird er sich Ihnen sicher gern anschließen.«

Einige Jahre später erhielt ich ein Photo von ihm, klein und auf einem Stuhl sitzend inmitten einer großen Gruppe seiner Schüler, von denen manche bald zweimal so groß waren wie er selbst. Sie sind alle sehr stolz auf ihn als ihren geachteten Lehrer.

Aikidō in Einheit von Geist und Körper führt zu nichts, wenn man nur die Techniken dummköpfig imitiert. Nur wenn jede Technik und jede Bewegung mit den Prinzipien übereinstimmt, finden wir das wahre Aikidō mit Ki, bei dem Geist und Körper eins sind. Aus diesem Grunde benötigen wir wirklich gute Lehrer, die es in allen Ländern verbreiten. Aber wir brauchen keine kraftstrotzenden Experten in technischen Details, sondern Menschen, die die Ki-Prinzipien wirklich verstanden haben und einen wahrhaftigen Geist besitzen.

(6) *Seien Sie fair und unparteiisch*

Ein Lehrer muß allen Schülern gegenüber völlig uneigennützig, freundlich, fair und unparteiisch sein. Da Unterrichten gleich Lernen ist, wird Ihr Unterricht keine gute Selbstschulung sein, wenn Sie in Ihrem Herzen Egoismus hegen. Seien Sie im Gegenteil davor gewarnt, denn dies wird nur weiteren Egoismus und schlechte Gewohnheiten hervorbringen.

Natürlich ist es leicht, Leute zu unterrichten, die schnell lernen. Aber wir dürfen diejenigen nicht übersehen, die in keinen anderen Kampfkünsten akzeptiert würden: diejenigen, die zwar ernsthaft sind, aber schlechte Gewohnheiten haben und nur langsam lernen.

Als Lehrer des Aikidō in Einheit von Geist und Körper müssen Sie allen gegenüber unparteiisch sein. Jemand, dessen Körper unflexibel und unbeholfen ist oder der nicht schnell lernt, benutzt Geist und Körper offenbar nicht in der richtigen Weise. Zum Beispiel jemand, dessen Körper sich nicht so geschmeidig bewegt, wie er es eigentlich sollte und könnte, stoppt entweder sein Ki oder zieht es sogar zurück. Lehren Sie ihn, Ki fließen zu lassen, und sein Körper wird weicher werden. Wer eine langsame Auffassungsgabe hat, versäumt es wahrscheinlich, seinen Geist zu konzentrieren. Er lebt mit der Idee, Geist und Körper seien getrennte Dinge und er könne folglich seinen Körper nicht dazu bringen, das zu tun, was sein Geist will.

Mögen in diesen Fällen auch andere Faktoren beteiligt sein — wenn wir diese Punkte korrigieren und ihn auf den richtigen Weg bringen, kann er sich tadellos entwickeln. Jeder ist in der Lage, jemanden zu unterrichten, dem alles sofort gelingt. Wer jedoch diejenigen unterrichten kann, die den Unterricht wirklich benötigen, ist wahrhaft ein Lehrer aus Leidenschaft. Dadurch, daß er sich bemüht und sich immer neue Wege ausdenkt, noch besser zu unterrichten, schult sich der Lehrer aber auch selbst in seinen Führungsqualitäten und in den feinen Details der Ki-Prinzipien.

Unparteilichkeit bedeutet nicht, daß Sie jeden auf dieselbe Weise unterrichten müssen. Manche lernen etwas beim ersten Hinhören, andere haben es nach zehn Wiederholungen noch nicht verstanden. Da ältere Menschen, Frauen und Mädchen gewöhnlich nicht viel Übung haben, lernen sie möglicherweise etwas langsamer, und der Lehrer muß mit ihnen besonders vorsichtig sein und darauf achten, daß erfahrene Schüler ihnen helfen.

Fortgeschrittene Schüler müssen auch unter sich üben, aber sie müssen erkennen, daß den Jüngeren zu helfen, für ihr eigenes Üben und Lernen genauso wichtig ist.

Dies ist der Weg, ein wirklich unparteiischer Lehrer zu werden, ein Mensch, der vom Geist der Liebe und Zuneigung zu allem erfüllt ist, und der jeden in seine Güte einschließt.

(7) *Lehrer müssen zusammenarbeiten*

Lehrer dürfen sich untereinander nicht über Techniken und Lehrmethoden streiten. In ein und derselben Technik existieren viele Methoden, und die Technik verändert sich entsprechend der Art und Weise, wie ein Angreifer seine Kraft ins Spiel bringt. Sie alle sind richtig, wenn sie den Ki-Prinzipien folgen. Ich selbst habe eine Technik in einem Land so und in einem anderen anders unterrichtet. Gelegentlich ändern sich meine Bewegungen entsprechend der Art, in der ein Angreifer Kraft anwendet. Der korrekteste Weg wäre der, alles genau im Detail zu erklären. Da es aber viele Aikidō-Techniken gibt, hätten wir, wollten wir uns in alle Einzelheiten einer einzigen Technik vertiefen, keine Zeit mehr, auch die anderen zu unterrichten.

Ganz gleich, auf wieviele Arten ich eine Technik unterrichte, wird sich immer wieder der eine nur die Art A und ein anderer nur die Art B merken. Die beiden werden dann gegeneinander kämpfen und einer den anderen beschuldigen, die Technik falsch zu machen. Die Techniken des Aikidō mit Ki sind immer, in Abhängigkeit von den beteiligten Individuen, ein wenig unterschiedlich gefärbt. In einigen Fällen benutzen wir sanftere Techniken, in anderen die ernsteren, und oft genug verändert sich die Art des Unterrichts entsprechend dem Entwicklungsstand des Schülers. Für den Anfänger ist das alles schon verwirrend genug, aber wenn die Lehrer untereinander streiten und sich gegenseitig falscher Übungen bezichtigen, gerät der Anfänger in das Dilemma, was er denn tun und bei wem er lernen soll.

Einmal kam ich nach ungefähr einem Jahr wieder ein Dōjō besuchen, in dem ich früher unterrichtet hatte. Dort fand ich zwei, die sich darüber stritten, wer von ihnen eine bestimmte Technik richtig mache. Jeder sagte, die Art, wie er die Technik übe, sei richtig, und die des anderen falsch. Ich ließ sie die Technik vorführen und bestätigte, daß beide richtig waren. Über diese Entscheidung waren beide betrübt. Um die Wahrheit zu sagen: Keiner von beiden machte die Technik sehr gut. Ich erklärte ihnen dann, daß wohl beide richtig waren, aber auch beide falsch. Da sie ungläubig schauten, erklärte ich weiter: »Jeder von Ihnen macht die Technik richtig. Ich bin sicher, daß ich sie dem einen von Ihnen auf die eine Weise gezeigt habe und dem anderen auf die andere. Also haben Sie beide recht, da sich jeder von Ihnen an eine der beiden richtigen Möglichkeiten erinnert hat. Sie haben ebenso beide unrecht, weil die Techniken wegen Ihrer schlechten Körperhaltung kaum funktionieren dürften.« Nachdem ich ihnen demonstriert hatte, was sie falsch machten, waren beide in der Lage, die Technik sehr gut auszuführen.

Dann erklärte ich ihnen, daß die Lehrer ihre Schüler irreführen, wenn sie untereinander streiten. Keiner, der zehn Dinge lernt, wird sich an alle zehn erinnern. Lehrer müssen selbstlos gemeinsam lernen und dem zuhören, was ihre Kollegen zu sagen haben, damit sie alle den korrekten Weg verstehen können. Außerdem machte ich ihnen klar, daß sie die Zeit, die sie mit Streiten verschwendet hatten, besser in konstruktiver Zusammenarbeit verbracht und so ihren Fehler entdeckt hätten, noch ehe ich im Dōjō eingetroffen war.

Ab und zu sollten Lehrer für eine Zeit ehrlichen und offenen Lernens zusammenkommen. Sie sollten nicht nur darüber diskutieren, ob eine Technik wirkt, sondern auch, ob sie mit den Ki-Prinzipien übereinstimmt. Wie fließendes Wasser bestimmten Gesetzen folgt, so folgt auch der Fluß des Ki bestimmten Gesetzen. Jeder Versuch, es zu zwingen, seine Richtung zu ändern, ist unnatürlich.

Wenn die zur Diskussion stehende Technik mit den Prinzipien tatsächlich übereinstimmt, sollte sie sich richtig anfühlen, egal ob Sie Ihren Partner werfen oder selbst geworfen werden. Tut sie das nicht, so ist etwas an ihr nicht in Harmonie mit den Prinzipien, und Sie sollten alle Einzelheiten noch einmal überprüfen.

Bleiben Sie nie nur deswegen bei einer Meinung, weil Sie etwas immer ›so‹ gemacht haben. Korrigieren Sie immer sofort, was sich als falsch herausgestellt hat. Wenn manchmal die Älteren unrecht und die Jüngeren recht haben, wollen die Älteren oft nicht nachgeben und den Jüngeren folgen. Doch wenn sie ihren Fehler berichtigen, folgen sie in Wirklichkeit nicht so sehr den Jüngeren, als daß sie einfach das Richtige tun. Jüngere Menschen werden einem älteren immer vertrauen, der freimütig zugibt: »Ich habe einen Fehler gemacht.« Wenn man einen Fehler nicht zugibt, macht man die Jüngeren gegenüber allem, was man tut, mißtrauisch — und man verdient ihr Mißtrauen.

Das Universum ist weit, und seine Regeln sind tief. Seien Sie immer ehrlich, immer bestrebt, alles zu lernen, was das Universum lehren kann, und haben Sie immer ein offenes Ohr dafür, was die Menschen zu sagen haben. Für Lehrer wie Schüler, Ältere wie Jüngere gilt: richtig ist richtig, und ein Fehler ist ein Fehler. Pflanzen Sie diesen Gedanken tief in Ihr Herz ein.

Diese Regeln für Lehrer gelten gleichermaßen für alle Bereiche der Gesellschaft. Wir sind Schüler und Lehrer. Ein guter Schüler wird immer ein guter Lehrer sein und umgekehrt. Wer im Leben ernsthaft ist, wird andere im Leben auch immer gut führen. Es ist mir ein Anliegen, daß Sie alle die grundlegenden Ki-Prinzipien in lebendiger Weise verwirklichen, daß Sie üben und das Ergebnis Ihrer Übung sowohl im Dōjō unter Beweis stellen als auch dadurch, daß Sie in die Welt hinausgehen, um aktive und einflußreiche Führungspersönlichkeiten zu werden.

Nachwort

Der erste Teil dieses Buches erklärt die grundlegenden Ki-Prinzipien, und der zweite gibt einige Beispiele dafür, wie wir diese Prinzipien im Training und im täglichen Leben anwenden können.

Dieses Buch ist jedoch zu klein und sein Verfasser nicht weit genug fortgeschritten, um das ganze Universum in seiner Unermeßlichkeit zu erklären. Wir können nur sagen, daß derjenige, der Aikidō in Einheit von Geist und Körper lernt, sein Denken auf diesen Prinzipien aufbaut und — dem gewaltigen Universum schweigend gegenüberstehend — sich auf diesem Weg schult.

Von dem großen Weg des Universums zu sprechen, ist keineswegs befremdlich oder sonderbar, denn dieser Weg ist tatsächlich unter den Füßen eines jeden, der auf ihm gehen möchte. Wer zum ersten Mal einen kleinen Menschen sieht, der im Aikidō in Einheit von Geist und Körper geübt ist und jemanden wirft, der zweimal so groß ist wie er selbst oder der ohne Probleme vier oder fünf Angreifer in Schach hält, findet dies alles wahrscheinlich sehr fremdartig, denn er denkt nur in den Begriffen der Gesetze des Körpers und sieht es nur mit den Augen des Körpers. Würde er erkennen, daß der Geist den Körper lenkt und sich die Sache vom Standpunkt der Gesetze des Universums aus ansehen, so würde er erkennen, daß dies in keiner Weise wunderbar und geheimnisvoll ist. Natürlich erfordert es

Übung, aber da es ein Prinzip gibt, nach dem es möglich ist, jemanden zu werfen, ist es nur natürlich, daß man es auch wirklich kann. Wer Ki übt, kann es, da er dem großen Weg des Universums folgt. Jeder, der will, kann es.

Nur im Dōjō zu üben und Techniken an Partnern anwenden zu können, ist nicht der vollständige große Weg des Universums. Dieser Weg ist der einzige, dem man zu folgen braucht, und er erstreckt sich auf alles, was wir tun.

Natürlich ist die Übung im Dōjō wichtig, aber sie ist nicht die einzige. Man kennt die wahren Ki-Prinzipien nur dann wirklich, wenn es zu einem Teil des täglichen Lebens geworden ist, den Einen Punkt im Unterbauch zu halten und in ständigem Austausch mit dem Ki des Universums zu sein, wenn man fähig ist, frei über Ki zu verfügen und die Ki-Prinzipien auf alles anzuwenden, was man tut.

Wenn man sich weigert, von einer Anstrengung Notiz zu nehmen, so existiert keine Anstrengung. Festigen Sie sich und ihre Beziehung zum Universum, und die rauhen Wellen dieser Welt lassen Sie nicht mehr furchtsam werden.

Mein Wunsch ist es, aus diesem unbezahlbaren Geschenk des LEBENS etwas Wahreres, Stärkeres und Glücklicheres zu machen, damit wir zuversichtlich durch die Welt gehen und unseren Beitrag zu ihrer Verbesserung leisten können. Ich habe dieses Buch in der Hoffnung geschrieben, daß es helfen möge, Ki in allen Winkeln der Erde zu verbreiten und die Zahl derer zu vermehren, die ihm folgen, und sollte es auch nur ein einziger sein.

Anhang

Dreizehn Regeln für den Weg

(1) Das Ki-Training weist uns den Weg zur Einheit mit dem Universum. Sein wesentliches Ziel ist es, Geist und Körper zu vereinen und uns eins werden zu lassen mit der Natur.

(2) So wie die Natur jedes Geschöpf liebt und beschützt und allen Dingen hilft, zu wachsen und sich zu entwickeln, so müssen wir jeden Schüler mit Ernsthaftigkeit und ohne Benachteiligung oder Parteilichkeit unterrichten.

(3) In der absoluten Wahrheit des Universums gibt es keine Zwietracht, aber es gibt sie im Reich der relativen Wahrheit. Mit anderen wetteifern und gewinnen bringt nur relativen Sieg. Nicht wetteifern und doch siegen bringt absoluten Sieg. Nur einen relativen Sieg zu erringen, führt früher oder später zur unvermeidlichen Niederlage. Während Sie üben, stark zu werden, müssen Sie lernen, wie Sie vermeiden können zu kämpfen. Wenn Sie lernen, Ihren Partner zu werfen und daran Freude zu haben und auch lernen, geworfen zu werden und daran ebenso Freude zu haben, und wenn Sie sich gegenseitig helfen, die korrekten Techniken zu lernen, wird Ihnen schneller Fortschritt sicher sein.

(4) Kritisieren Sie keine der anderen Kampfkünste. Der Berg lacht nicht über den Fluß, weil er tief unten ist, noch spricht der Fluß schlecht über den Berg, weil dieser sich nicht fortbewegen kann. Jeder hat sein eigenes Wesen und erlangt seine eigene Stellung im Leben. Wenn Sie über andere schlecht reden, fällt dies unvermeidlich auf Sie zurück.

(5) Die Kampfkünste beginnen und enden mit Höflichkeit, nicht nur in der Form, sondern ebenso im Herzen und im Geist. Achten Sie den Lehrer, der Sie unterrichtet, und hören Sie nicht auf, dankbar zu sein, besonders gegenüber dem Gründer, der den Weg zeigt. Wer dies unterläßt, darf sich nicht wundern, wenn seine Schüler ihn nicht ernst nehmen.

(6) Seien Sie vor Eitelkeit gewarnt. Eitelkeit hält Ihren Fortschritt nicht nur auf, sondern wirft Sie zurück. Die Natur ist grenzenlos, und ihre Prinzipien sind tief. Woher kommt die Eitelkeit? Sie gründet in oberflächlichem Denken und billigen Kompromissen mit Ihren Idealen.

(7) Entwickeln Sie den ruhigen Geist, der dadurch entsteht, daß Sie das Universum zu einem Teil Ihres Körpers machen, indem Sie Ihre Gedanken auf den Einen Punkt im Unterbauch konzentrieren. Sie sollten wissen, daß es eine Schande ist, engstirnig zu sein. Diskutieren Sie nicht mit anderen, nur um Ihre eigenen Ansichten zu verteidigen. Richtig ist richtig, und falsch ist falsch. Beurteilen Sie in Ruhe, was richtig ist und was falsch. Sind Sie überzeugt, daß Sie unrecht haben, so machen Sie es beherzt wieder gut. Treffen Sie jemanden, der Ihnen überlegen ist, so nehmen Sie seine Unterweisung freudig an. Befindet sich jemand im Irrtum, so erklären Sie ihm die Wahrheit, und bemühen Sie sich darum, daß er sie versteht.

(8) Auch ein Wurm von nur einem Zentimeter Länge hat den Geist und die Seele dieses einen Zentimeters. Jeder Mensch respektiert sein eigenes Ich. Behandeln Sie darum niemanden geringschätzig, und verletzen Sie nicht seine Selbstachtung. Behandeln Sie jemanden mit Respekt, so wird er auch Sie respektieren. Nehmen Sie ihn nicht ernst, so wird er auch Sie nicht ernst nehmen. Wenn Sie seine Persönlichkeit respektieren und seinen Ansichten zuhören, wird er Ihnen gern folgen.

(9) Werden Sie nicht wütend. Wenn Sie wütend werden, zeigt dies, daß Ihr Geist sich vom Einen Punkt im Unterbauch entfernt hat. Wut ist im Ki-Training etwas, wofür man sich schämt. Werden Sie niemals wegen eigener Belange wütend. Werden Sie nur dann wütend, wenn die Rechte der Natur oder Ihres Landes bedroht sind. Konzentrieren Sie sich dann auf den Einen Punkt, und werden Sie ganz und gar wütend. Bedenken Sie: Wer leicht wütend wird, verliert in wichtigen Momenten den Mut.

(10) Scheuen Sie keine Anstrengung, wenn Sie unterrichten. Sie machen in dem Maß Fortschritte, in dem Ihre Schüler Fortschritte machen. Seien Sie beim Unterrichten nicht ungeduldig. Niemand kann alles auf einmal gut lernen. Ausdauer ist beim Unterrichten ebenso wichtig wie Geduld, Freundlichkeit und die Fähigkeit, sich an die Stelle des Schülers zu versetzen.

(11) Seien Sie kein hochmütiger Lehrer. Das Wissen der Schüler nimmt in dem Maße zu, wie sie ihrem Lehrer folgen. Gerade beim Üben von Ki macht auch der Lehrer durch sein Unterrichten Fortschritte. Üben erfordert eine Atmosphäre gegenseitigen Respektes zwischen Lehrer und Schülern. Eingebildete Menschen denken oberflächlich.

(12) Zeigen Sie beim Üben Ihre Kraft nicht ohne guten Grund, sonst erwecken Sie Widerstand im Geist derjenigen, die Sie beobachten. Streiten Sie nicht über Stärke, sondern lehren Sie den richtigen Weg. Worte allein können nicht erklären. Manchmal können Sie wirksamer unterrichten, wenn Sie derjenige sind, der geworfen wird. Unterbrechen Sie Ihren Schüler nicht mitten in der Technik, und halten Sie sein Ki nicht an, ehe er eine Bewegung vollständig ausgeführt hat, sonst erzeugen Sie in ihm schlechte Gewohnheiten.

(13) Tun Sie alles, was Sie tun, aus Überzeugung. Wir studieren die Prinzipien des Universums gründlich und üben sie, und das Universum beschützt uns. Wir haben nichts zu bezweifeln und nichts zu befürchten. Wahre Überzeugung kommt aus dem Glauben, daß wir eins sind mit dem Universum. Wir müssen den Mut haben, mit Kung-tsu zu sagen: »Ich bin leichten Herzens und kann mich daher zehntausend Feinden stellen.«

Sehr geehrte Leserin, sehr geehrter Leser,

Wenn Sie nach der Lektüre dieses Buches Interesse haben, Ki oder Aikidō mit Ki in der Praxis kennenzulernen, so übermitteln wir Ihnen gern die aktuellen Adressen. Bitte legen Sie Rückporto bei.

Wir freuen uns auch, Sie künftig über unser weiteres Verlagsprogramm unterrichten zu dürfen. Bitte schreiben Sie an: